उपनिषद्

ウパニシャド［改訂版］

日本ヴェーダーンタ協会

ウパニシャド――霊的な智慧の宝庫

日本ヴェーダーンタ協会は、ヒンドゥ教の聖典に関する三冊の重要な本を、既に日本語で出版している。すなわち、『シュリーマッド・バガヴァッド・ギーター』、『シュリーマッド・バーガヴァタム』および『はじめてのヴェーダーンタ』である。本書『ウパニシャド』は、同シリーズの四冊目となる。

ヴェーダの最終部に位置するウパニシャドは、ヒンドゥ教の最も古く、最も重要な聖典であり、古代インドの多くの偉大な賢者たちがたどり着いた最高の霊的な悟りを記録している。不幸にも、いつしかそのようなウパニシャドはほとんど失われてしまい、現在まで残っているものはほんのわずかである。今でもわれわれが手にすることのできるこれらのウパニシャドは、霊的な智慧の宝庫であり、それらを深く学習することはわれわれの魂を輝かせる。世界で最も深遠な哲学のひとつであるヴェーダーンタ哲学は、これらのウパニシャドに基づいている。

本書は、もともとはハリウッド・ヴェーダーンタ・ソサエティの元会長であるスワーミー・

プラバヴァーナンダ師が、これらのウパニシャドの重要な箇所を選び出し、サンスクリット語から英語に翻訳したものの邦訳である。本書のようなかたちでウパニシャドを出版することは、このヒンドゥ教の重要な聖典についてかなりの知識を読者に与えることとなろう。

邦訳者の方々、特に日野紹運教授（岐阜薬科大学）には、多大なる感謝の意を表する。日野教授はヴェーダーンタに関する著作を多く手がけておられる高名な学者であり、本書の編集に大変お骨折りくださった。また、日野教授の学生である奥村文子氏も、教授を手伝って、この困難を要する仕事にあたってくださった。

また、本書の出版にあたって様々なかたちであたたかい援助の手をさしのべてくれた信者の方々にも、心から感謝の意を表する。

本書は二〇〇九年、この国において五〇年間霊的な奉仕を続けてきた、日本ヴェーダーンタ協会の創立五〇周年記念祝賀会にあわせて出版された。

出版者

凡例

※注のアラビア数字は原注。例［1］［10］、注の漢数字は訳注。例［一］［一〇］。原注・訳注はそれぞれの章の最後にまとめた。

※［　］内の文字は、その前にくる言葉の簡潔な訳注。例プラーナ［気息］

※原著中の Self はアートマンと訳している。

監修の言

本書は、*The Upanishads Breath of the Eternal* (New York: the New American Library of the World, second printing, 1960) を底本として、翻訳された。底本は、同社のメントール宗教叢書として、一九五七年に第一刷が出版されたが、その初版は、*The Upaniṣads Breath of the Eternal (Selections)* (The Vedanta Society of South California, 1948) である。［その後、同書はインドの Sri Ramakrishna Math (Madras) からも重版されている］

その和訳は日本ヴェーダーンタ協会所属のメッツ陽子氏によって機関誌『不滅の言葉』（第八巻八号〜第一〇巻四号）に一五回にわたって連載された。本書は、日本ヴェーダーンタ協会会長のメダサーナンダ師の依頼によって、その和訳を引き継ぎながら、サンスクリット原典と照合しながら、底本から新たに翻訳したものである。ウパニシャッド原典について一言すれば、参照したテキストは、*The Early Upaniṣads Annotated Text and Translation.* Translated and edited by Patrick Olivelle, New York, Oxford University Press, 1998 である。また、湯田豊『ウパニシャッド』（大東出版社　二〇〇〇）については、訳語を検討するうえで参照した。

初版とメントール版には改定のあとは見られないが、ウパニシャドの章立てに変更がある。すなわち、冒頭の①『イーシャー・ウパニシャド』②『ケーナ・ウパニシャド』③『カタ・ウパニシャド』がメントール版では③—①—②となっており、および末の⑪『シュヴェーターシュヴァタラ・ウパニシャド』⑫『カイヴァルヤ・ウパニシャド』が⑫—⑪となっている。本書においては、メントール版ではなく初版の章立てに従った。

ウパニシャドについては、一〇のシャンカラの註釈書付のもののほかには『シュヴェーターシュヴァタラ・ウパニシャド』および『カイヴァルヤ・ウパニシャド』が含まれている。その理由を「序文」では「師の特に愛好するもの」と述べられているが、ラーマクリシュナ・ミッションの思想がシャンカラの不二一元論のみならずバクティ思想をその根幹にしたものであり、両ウパニシャドにはバクティ並びにヴィシュヌへの信仰が色濃く反映されていることから容易に理解されるところである。

底本は、抄訳であり、要約している箇所も少なからずあり、またサンスクリット原典から離れてフリー・レンダリングを行っているところもある。省略や要約は冗長さを避ける効果があり、それだけにスワーミー（原著者の Swami Prabhavananda の意）は、フリー・レンダリングの箇所とともに、ラーマクリシュナ・ミッションの宣教者として、ミッションのあるいは自己の思想を直接に語ったり、滲《にじ》ませることに腐心されたことと推測される。これに関連して英訳協力者マンチェスター氏は「インド版への序言」で以下のように述べている。

この翻訳におけるわれわれの目的は、逐語的な翻訳を完成することではなく、むしろ、恣意的とも見え得る自由裁量によって、原典の真の意図を、わかりやすい英語で伝えることであった。たとえば、原典に忠実に従ってそれを注で説明することと、必要な説明を加えるために原典を拡大解釈するという二択があった時、われわれは後者を採用した。あるウパニシャドの冒頭は、逐語的な翻訳をすれば、魅力のないまとまりのないもの、あるいは味気ないものになってしまう。しかしわれわれは――控えめであると確信しているが――多少の語句を付け加えた。そして、大半の場合、われわれは意訳することや、細部の順序を変更することをいとわず、内容や趣旨を逸脱していないと確信できれば、時には語句を、時には文章をも削除した。手短に言えば、われわれはこの翻訳を、専門的なサンスクリット学者のためではなく、むしろウパニシャドを魂の糧として求める一般的な人々のために計画したのである。

また、省略されたウパニシャドの章節は以下の通りである。

第三章『カタ・ウパニシャド』一・一七―一・一九

第四章『プラシュナ・ウパニシャド』一・一一、一・一三、一・一九

第五章『ムンダカ・ウパニシャド』一・二・一―一・二・六

第七章『タイッティリーヤ・ウパニシャド』一・二・一、一・三・一―一・三・四、一・五・一―一・五・三、一・七・一、一・九・一、一・一二・一、三・七・一、三・八・一、三・九・一、三・一〇・一、三・一〇・五

第八章『アイタレーヤ・ウパニシャド』一・一・四、一・二・一―一・二・五、一・三・一―一・三・一〇、二・一―二・六

第九章『チャーンドーギヤ・ウパニシャド』一・一・一―一・一三・四、二・一・一―二・二二・五、二・二三・二、二・二四・一―二・二四・一六、三・一・一―三・一三・六、三・一五・一―三・一七・五、三・一七・七―三・一九・四、四・一・一―四・三・八、四・一五・二―四・一五・三、四・一五・五―四・一七・一〇、五・一・一―五・二四・五、六・一・六、六・二・四、六・三・一、六・三・四、六・四・一―六・八・六、六・一六・一―六・一六・三、七・八・一―七・一五・四（抄訳）、八・二・九、八・六・一―八・六・六、八・一二・二、八・一二・四―八・一二・五、八・一三・一―八・一五・一

第一〇章『ブリハドアーラニヤカ・ウパニシャド』一・一・一―一・四・六、一・四・九、一・四・一六―一・四・一七、一・五・一―一・五・二二、一・六・一―一・六・三、二・一・一二、二・二・一―二・三・六、二・五・一六―二・五・一七、

二・六・一―二・六・三、三・一・四―三・一・九、三・二・一―三・二・一二―三・二・一三、三・三・一―三・三・二、三・六、三・七・六（抄訳）、三・七・八―三・七・一四（抄訳）、三・七・一六―三・七・一九（抄訳）、三・七・二一（抄訳）、三・九・一―三・九・二六、三・九・二八、四・三・二〇、四・三・三三、四・三・三七―四・三・三八、四・四・九、四・四・一一、四・四・一六、四・四・二四、四・五・一―四・五・一五、四・六・一、五・一、五・三―五・一五、六・一・一―六・五・四

第一一章『シュヴェーターシュヴァタラ・ウパニシャド』三・二一、四・一六―四・一七、四・二一―四・二二、五・一―五・九、六・二一―六・二三、五・一一―五・一四（抄訳）、六・一―六・一九（抄訳）

第一二章『カイヴァルヤ・ウパニシャド』二四―二五

最後に、本邦訳が日本ヴェーダーンタ協会会長のメーダサーナンダ師の期待にこたえるものであり、同協会の活動の一助となればと切に願うものである。

日野紹運（監修）
奥村文子（邦訳）

メントール版への序言

この翻訳におけるわれわれの目的は、逐語的な翻訳を完成することではなく、むしろ、恣意的とも見え得る自由裁量によって、原典の真の意図を、わかりやすい英語で伝えることであった。

サンスクリットのアートマンは、内なる神を意味するが、われわれはどの場合においてもそれをSelfと訳した。われわれは、精神的な意味合いを全く欠いた外国の表現を取り入れようとするよりも、その用法がすでに豊かな意味を持っている英単語を利用する方が、西洋の読者にとってより有益であろうと考えたのである。オームという音節――ブラフマン、あるいは神の象徴――は、ヒンドゥ教徒にとって、神聖なものである。そして、ヒンドゥ儀礼において、その音節は、荘厳な響きで、限りなく長く発声される。本書においても、何度も祈願文として、あるいは祝福文としてあらわれる、

オーム　シャーンティ・シャーンティ・シャーンティ

という表現は、それが詠唱される雰囲気にでき得る限り近づけようとしている。

多少の例外はあるが、ここで翻訳されているサンスクリットの原典は韻文である。そして、多少の例外はあるが、われわれは散文体を採用した。いくつかのウパニシャドに先行する詠歌、そして特に『シュヴェーターシュヴァタラ・ウパニシャド』に含まれる讃歌について、われわれは慣例によって、おそらく韻文とはいえない形式をとった。しかし、その形式は、すぐには韻文のような効果を得られないとしても、より崇高な印象を生み出しているように、われわれには感じられた。

各ウパニシャドの翻訳の前段に置かれている、一見すると議論のように見える部分は、実際には議論ではない。何故ならそれらは、それらと釣り合った要約の部分をその後に持たないからである。むしろ、それらは重要なテーマを示しているのである。

序文

ヴェーダは、インドの最も古く、また最も重要な聖典である。全ての正統なヒンドゥ教徒は、彼らの信仰の源泉と、その最高の書物としての権威とをヴェーダに認める。

ヴェーダは全部で四つある。すなわち、リグ・ヴェーダ、サーマ・ヴェーダ、ヤジュル・ヴェーダ、そしてアタルヴァ・ヴェーダである。それらはそれぞれ二つの部分に分けられている。すなわち、祭式［行為］部と知識部である。前者は主に讃歌、供犠や祭式に関する指示や、それらの遂行の決まりから成り立っている。後者は、神の知識、宗教的な真実の最高の局面に関わるものであり、ウパニシャドと呼ばれる。

ウパニシャドの文法的な意味である「うやうやしく近くに坐すこと」は、真摯な弟子が師から学んでいる様子を生き生きと思い起こさせる。その言葉はまた「秘密の教え」を意味する。——確かに秘密である。何故なら、ある教えは、霊的にそれを受け取る準備ができており、それに相応しい者にのみ与えられるのであるから。さらに他の解釈が、偉大な七世紀の註釈家であるシャンカラによって支持されている。すなわち、神の知識——「ブラフマンの知識、無知という足かせを破壊し、最高の到達点である解脱へと導く知識」である。

かつていくつのウパニシャドが存在したのかを知ることはできない。一〇八のウパニシャドが保存されているが、それらは、長さに関してはわずか数百語のものから数千語にわたるものまで存在する。散文で書かれているものもあり、韻文で書かれているものもあり、ある部分は散文で、他の部分は韻文で書かれているものもある。様式と手法に関しては、ウパニシャドそれぞれで多種多様に異なっており、しばしば同一のウパニシャド内であっても、ある箇所では簡潔で具体的に語られていたり、他の箇所では精密で抽象的に解説されていたりする。ある人物が前面に出ることもあり、一方では、対話の形式をとることもある。ウパニシャドの論調は非常に揺れ動いており、特有な真剣さと崇高さの内に、時折ほっとするような素朴なユーモアが見受けられる。ウパニシャドを誰が書いたのかを知る者はおらず、それらがいつ書かれたのかも正確にはわからない。ウパニシャドは聖仙たちの内的洞察がかたちになったものであるが、その聖仙たちは完全に背景に隠れ、人格的存在としてけあらわれない。彼らが象徴した真理のごとく、彼らの個々の生は永遠に失われ、そして彼らの名前すらも——

暗き過去の、時間の深淵の内に失われた。

現存する一〇八のウパニシャドのうちの一六のウパニシャドが、本物であり権威あるものであるとシャンカラによって認められた。ブラフマ・スートラに対するシャンカラの註釈において、彼は六つのウパニシャドからの引用をおこなった。他の一〇のウパニシャドに対して、彼は精密な註釈を書いた。一般的に最も重要なウパニシャドであると見なされてきたのは、それら一〇のウパニシャドである。それらの名称を以下に挙げる。カタ・ウパニシャド、イーシャー・ウパニシャド、ケーナ・ウパニシャド、プラシュナ・ウパニシャド、ムンダカ・ウパニシャド、マーンドゥーキヤ・ウパニシャド、タイッティリーヤ・ウパニシャド、アイタレーヤ・ウパニシャド、チャーンドーギヤ・ウパニシャド、そしてブリハドアーラニヤカ・ウパニシャドである。それらは総じてヒンドゥ教を知ろうとする者の主要な関心の対象であり続けている。カイヴァルヤ・ウパニシャド及びシュヴェーターシュヴァタラ・ウパニシャドは、両方ともシャンカラの一六ウパニシャドに含まれており、またスワーミー・プラバヴァーナンダ師の特に愛好するものであるため、この翻訳にも含まれている。

ウパニシャドの一つの特色は、その同質性である。一見すると異なる概念が諸ウパニシャドの内に見受けられるが、しかしそれらは、大雑把に言えば、それらウパニシャドの全てに見受けられるものであり、ばらばらであるというのではない。ある一つの概念がある一つのウパニシャドに見られ、他の一つの概念が他の一つのウパニシャドに見られるのである。一つのウパニシャドがある特定の思想、あるいはある特定の見解を他のものよりも強調しており、あるいはそれが特別な論題であるかのように専門化しているように見えるのは事実である。しかし、そのような区別は、しばしば単なる偶然であり、けっして重要ではない。それ故に、諸ウパニシャドの間の分裂は、おそらくまったく実践的な目的のためであり、完全に捨て去られて、一〇八全てのウパニシャドはひとつに集約される。

もう一つの、そしてより重要な特色は、ウパニシャドが聖者と賢者の手になるものであるという事実である。ウパニシャドの著者は、彼らの思考やヴィジョンにあらわれた内的洞察を知らせることに関心があり、それらの洞察を表面的に首尾一貫させることに興味を持たなかった。彼らは体系の構築者ではなく、経験の記録者であった。それ故にわれわれは、表面的な不一致や、一時的にある概念に没頭している間、他の概念を忘れていることがあるということをあらかじめ知っておかなければならない。簡潔で、意識的で、意気軒昂とした明確な記述によって一挙に集約されている完全な真理を見つけることができるなどと、われわれはウパニシャドのどこにおいても期待することはできない。

さらにもう一つのウパニシャドの特色は、その形式と関係がある。解説者はこのように疑うかもしれない。「ウパニシャドの思想は、他者の利便性を少しも考慮することなく書き留められているのではないか」と。どこにも論理的な始まりがなく、どこにも論理的な終わりがない。さらに、あらゆる点において、関心は部分にはない。明らかに部分が認められるのに、関心は全体にある――その関心は、簡潔で、包括的で、分析されていない言葉にあるのかもしれないし、あるいは、一つにまとめられたときにようやく完成するような、特別な要素、瞬間的な発想にあるのかもしれない。

ヴェーダの学習のためには、長い伝統に従って、さらにはヴェーダそれ自体に従って、人は師、あるいはグルを持たなければならない。「師に近づけ」と、リグ・ヴェーダは言う。「謙譲の心と、奉仕の願いとをもって」ウパニシャドは述べる。「アートマンについて聞く者は多くない。それを聞いたとしても、それを理解する者は多くない。それを語る者は素晴らしきかな。それを学ぶ者は賢明なるかな。良き師によって、それを理解することのできる者は幸いなるかな」

良い師というもののはたらきは、ヒンドゥ教の考えるところによれば、二種類ある。もちろん彼は、聖典とその真意を、文字とともに教える。しかし、さらに重要なことは、彼がその生き方によって教えること――日々の行いによって、最もうちとけた言葉によって、時には沈黙によってすら、教えることである。彼の近くにいることによってのみ、謙譲と尊敬をもって彼に仕え、従うことによってのみ、精神に活気が与えられる。そして、聖典を学ぶ目的は、単純に、主として知識を伝えることではなく、魂を清め、豊かにすることである。

実に楽しきかな、ヴェーダの学習と教授とは！
これらに専念する者は集中することを得、
そしてもはや激情の奴隷になることはない。
深く帰依し、自己統制し、抑制された精神をもって、
彼は名声を得、人々への祝福となる。

正統なヒンドゥ教徒は、ヴェーダを最高の権威を持った書物であると認めているとさきに述べた。あらゆる後続の聖典は、たとえある人がそれを正当であると認めたとしても、ヴェーダと一致している必要がある。すなわち、その聖典はヴェーダを拡大したものであるかもしれないし、ヴェーダを発展させたものであるかもしれないし、さらに世に広く知られている

かもしれないが、けっしてヴェーダと矛盾してはならない。ヴェーダは彼にとって、人間による書物がなしうる限り最高の、神聖な真理の表現である。同時に、彼のヴェーダの権威に対する忠実さが奴隷のようである、あるいは盲目的であると推測するのは誤りであろう。もし彼がヴェーダを神の言葉であると見なすのであれば、彼が直接的に、いつどんなときでも、彼自身の個人的経験において、ヴェーダの真理を立証できると信じるからである。もし、正確に吟味して、その聖典がそれほど正しいものであると立証できなければ、彼はその聖典を捨てるであろう。その聖典のある部分が、それほど正しいものであると立証できなければ、彼はそれを捨てるであろう。そしてその立場において、その聖典は彼を支持するものであると、彼はあなたに告げるであろう。ウパニシャドは言う。真実の学習とは、ウパニシャドそれ自体を学ぶことではなく、「それによってわれわれが不変なるものを知るもの」を学ぶことである、と。言い換えれば、宗教における真実の学習とは、神を直接に経験することである。

実際に、ヴェーダという用語は、正統派によって使用されるように、何世代にもわたって受け継がれてきた膨大な書物の総体の名称であるだけではなく、他の意味では、あらゆる聖典がそれのおぼろな影でしかない、表現を超えた真理に他ならない。後者の側面を見るならば、ヴェーダは無限であり、永遠である。ヴェーダは完全な知識であり、それは神である。

目次

あたかも、湿った薪に点けられた火から煙と火花が生じるように、まさにそのように、マイトレーイーよ、永遠なるものから、あらゆる知識と智慧——われわれがリグ・ヴェーダ、ヤジュル・ヴェーダ、またその他として知るところのものが息のように吐き出された。それらは永遠なるものの息吹である。

——ブリハドアーラニヤカ・ウパニシャド

第一章　イーシャー・ウパニシャド

【エッセンス】　俗世にあっても精神世界は確立できる。活動、あるいは行為は「執着なく行うならば、神の知識への阻害にはならず、神の知識への道となる。一方、［行為の］放棄は、自己愛の放棄であり、［自己の］生命の放棄ではない。行為の道も、放棄の道も、内なるアートマンと外なるブラフマンを知り、その一つであることを体得するためにある。アートマンはブラフマンであり、ブラフマンは一切である。

【祈願】

見るものは　ブラフマンで満ち、
見えざるものも　ブラフマンで満つ。
存在はすべて　ブラフマンより流れ出て、
ブラフマンから　すべてが——
しかも　ブラフマンは変わることなし。
オーム　シャーンティ・シャーンティ・シャーンティ

宇宙に存在するすべてのものの根底に、主は住みたまう。彼のみが実在である。それゆえに、見せかけの姿に煩《わずら》うことをやめ、彼において喜べ。人間の富を欲しがるな。

執着なしに行為する者——真剣に、無欲に、その果報を追求することなく働きに専念する者は、一〇〇年生きたいなら生きるであろう。そのような者のみが。

太陽の光が届かず、全き暗黒に閉ざされた世界がいくつもある。死後、そこへ行く者は、無知なる者、アートマンを殺す者［一］である。

アートマンは一なるものである。それは不動であり、思考よりも速やかに動く。感覚器官もそれに追いつけない。常に、それは先に行くのであるから。静止したままで、それはすべての走るものを追い越す。アートマンがなければ、生命はない。

アートマンは動くように見えても、実は動いていない。アートマンはかけ離れていても、実は近くにいる。それは一切の内にあり、また外にある。

アートマンの中にすべての生類《しょうるい》を見、すべての生類の中にアートマンを見る者、彼に憎むものはない。

悟りを得た者にとって、アートマンは一切である。あらゆる処に一を見る者に、どうして迷いや嘆きなどがあり得ようか。

アートマンはあらゆる処に遍在している。それは輝き、身体なく、不完全な傷跡もなく、骨なく、肉なく、純粋で、悪に汚されていない。見る者であり、思う者であり、すべてを超える一者、自立自存の者である。無始以来、物質と生類の世界に完全な秩序を造りだしたのは、アートマンである。

俗世の生活に埋没する者たちには闇が待ち受けている。瞑想にばかりふける者たちには、さらに深い闇が待ち受けている[1]。

俗世の生活のみでは、あるひとつの結果に至る。瞑想のみでは、他の結果に至る。そのように、われわれは賢者から聞いた。

俗世の生活にも瞑想にも熱心な者たちは、俗世の生活によって死に打ち勝ち、瞑想によって不死を得る。

非顕現のプラクティーを崇拝する者たちには闇が待ち受けている。顕現したプラクティーのみを崇拝する者たちには、さらに深い闇が待ち受けている。

顕現したプラクティー崇拝のみでは、あるひとつの結果に至る。非顕現のプラクティーの崇拝では、他の結果に至る。そのように、われわれは賢者から聞いた。

顕現したプラクティーと非顕現のプラクティーを二つながら崇拝する者たちは、非顕現のプラクティーによって死に打ち勝ち、顕現のプラクティーによって不死を得る。

真理の顔は、汝の黄金球に隠されている、おお、太陽よ。真理に身を捧げた私に、それを取り除き、その輝きを見せたまえ〔2〕。

おお、はぐくむ者よ、唯一の見る者よ、一切を統御する者よ、おお、輝く太陽よ、すべての生類《しょうるい》の命の源泉よ――汝の光を抑えたまえ、汝の光線を集めたまえ。汝の恩寵によって、汝の最も祝福された姿を見せたまえ。その内に宿る実在――その実在ですら、私なのである。

私の生命を一切に遍在する生命に溶け込ませたまえ。私の肉体の果ては灰である。オーム……おお、心よ、ブラフマンを記憶せよ。おお、心よ、汝の過去の行為を記憶せよ。ブラフマンを記憶せよ。汝の過去の行為を記憶せよ。

おお、アグニよ、われわれを無上の幸福へと導きたまえ。汝はわれわれのすべての行為を知りたまう。人をあざむく罪の魅惑から、われわれを守りたまえ。繰り返し繰り返し、汝に敬礼し奉る［3］！

［1］この頌《しょう》以下の六頌は、サンスクリット原文の意味が非常に曖昧である。註釈者たちはこれらを様々に説明しているが、必ずしも明瞭ではない。

［2］この頌《しょう》では、太陽は、ヴェーダではよくあることだが、アートマン、あるいはブラフマンの象徴である。黄金球は、次頌の光線や光のように、マーヤー、すなわち現象世界である。

［3］この両頌《りょうしょう》は、死の時に唱えられる祈りである。今日でも、これらはヒンドゥ教徒の葬儀の折に唱えられる。心は、その過去の行為を記憶するよううながされる。なぜなら、去り行く魂に伴うのはその行為であり、それが次の生における身体を決定するからである。火葬には火が必要なので、それが火の神アグニによってつかさどられるの

は当然である。神は、ここではその性格上、またブラフマンの象徴として勧請《かんじょう》される。

［一］本来の自己を見ようとしない者、また、自己の身体を殺める者のこと。

第二章　ケーナ・ウパニシャド

【エッセンス】　自然と人間のあらゆる活動の背後にある力は、ブラフマンの力である。この真理を知ることで、人は不死となる。

【祈願】

寂静が、私の四肢に、言葉に、気息に、眼に、耳に下りてきますように。
私のすべての感覚が、明澄《めいちょう》で力強くなりますように。
ブラフマンが、自身を私に見せてくださいますように。
私がけっしてブラフマンを否定せず、またブラフマンが私を否定しませんように。
私はブラフマンとともにあり、ブラフマンは私とともにある――
　私たちがつねにともにありますように。
ウパニシャドの聖なる真理が、
ブラフマンに深く帰依する私に啓示されますように。
オーム　シャーンティ・シャーンティ・シャーンティ

誰の命令によって、思考器官は思考するのか。誰が肉体に生きることを命ずるのか。誰が言葉に語らせるのか。視覚を物質の色と形へと導き、聴覚を音へと導く、あの光り輝く存在は誰か。

アートマンは聴覚の聴覚であり、思考器官の思考器官であり、言葉の言葉である。それはまた息の息であり、視覚の視覚である。アートマンは感覚器官や思考器官と同じである、という誤った同一視を捨て、アートマンはすなわちブラフマンであると知って、賢者はこの世を去る時不死となる。

視覚はそれを見ず、言葉もそれを語らず、思考器官もそれを認識しない。われわれはそれを知らず、また教えることもできない。

それは知られているものとは異なり、それは知られていないものとも異なる。そのように、われわれは賢者から聞いた。

それは言葉によって表現されないが、それによって言葉は表現する――それがブラフマンであると知れ。ブラフマンは人々によって崇拝されるものではない。

それは思考器官によって思考されないが、それによって思考器官は思考する――それがブラフマンであると知れ。ブラフマンは人々によって崇拝されるものではない。

それは視覚によって見られないが、それによって視覚は見る――それがブラフマンであると知れ。ブラフマンは人々によって崇拝されるものではない。

それは聴覚によって聞かれないが、それによって聴覚は聞く――それがブラフマンであると知れ。ブラフマンは人々によって崇拝されるものではない。

それは息によって呼吸されないが、それによって息は呼吸する――それがブラフマンであると知れ。ブラフマンは人々によって崇拝されるものではない。


もしあなたが、「私はブラフマンの真理をよく知っている」と思うならば、あなたはそれをほとんど知らないのであると知れ。あなたの内部にあってブラフマンだと思われるもの、または神々の内部にあってブラフマンだと思われるもの――それはブラフマンではない。それゆえに、何がまことにブラフマンの真理であるのか、あなたは学ぶべきである。

私は、「私はブラフマンを完全に知っている」とは言えない。しかし、「私はそれを知らない」とも言えない。われわれの中で、「私はそれを知らない、ということを私は知らない」という言葉の本当の意味を理解する者が、ブラフマンを最もよく知る者である。

ブラフマンが理解を超えたものだということを知るものは、まことにブラフマンを知る者である。「私は知っている」と思う者は知らない。無知の者はブラフマンは知られると思うが、賢者はそれが理解を超えたものであると知っている。

自分のあらゆる行為――感覚、認識、あるいは思考のいずれであれ――その背後にブラフマンの存在を認識する者、彼のみが不死を得る。ブラフマンの知識によって、人は力を得る。ブラフマンの知識によって、人は死に打ち勝つ。

この生にあって、ブラフマンを知る者は幸いである。ブラフマンを知る者は、最もひどい喪失にも苦しまない。この世を去る時、すべての生類《しょうるい》の内なるアートマンをブラフマンであると知った賢者は不死となる。

ある時、神々は悪魔に打ち勝った。それはひとえにブラフマンの力によるものであったにもかかわらず、彼らはすっかり自惚れてしまった。そして彼らは、心の中で、「敵を打ち倒したのはわれわれである。栄光はわれわれのものである」と思った。ブラフマンは神々の自惚れを見破って、彼らの前に姿を現した。だが、彼らはそれが何であるかわからなかった。

そこで、神々が火神に言った。「火よ、あの不思議なものが何であるのか、われわれのためにつきとめてくれたまえ」

「よろしい」と火神は言って、不思議なものに近づいた。不思議なものは彼に言った。

「お前は誰だ」

「火神である。実に、私は広く知られている」

「では、どんな力を振るうのか」

「地上にあるものなら何でも焼くことができる」

「これを焼け」と、一本のわらを彼の前に置いて、不思議なものは言った。

火神は全力を尽くしたが、焼くことができなかった。そこで、彼は神々のところへ走って帰り、言った。

「あの不思議なものが何であるのか、私はわからない」

そこで、神々は風神に言った。「風よ、あれが何であるのか、われわれのためにつきとめてくれたまえ」

「よろしい」と風神は言って、不思議なものに近づいた。不思議なものは彼に言った。

「お前は誰だ」

「風神である。実に、私は広く知られている。私は諸々の天界を速やかにかけめぐるのだ」

「では、どんな力を振るうのか」

「地上にあるものなら何でも吹き飛ばすことができる」

「これを吹き飛ばせ」と、一本のわらを彼の前に置いて、不思議なものは言った。

風神は全力を尽くしたが、吹き飛ばすことはできなかった。そこで、彼は神々のところへ走って帰り、言った。

「あの不思議なものが何であるのか、私はわからない」

そこで神々は、彼らのうちで最も偉大なインドラに向かって言った。「おお、尊い方よ、あれが何であるのか、われわれのためにつきとめてくださるよう、お願いいたします」

「よろしい」とインドラは言って、不思議なものに近づいた。だが、不思議なものは消えて、その場所には、あでやかに身を飾った、非常に美しい母なる神、ウマーが立っていた。彼女を見て、インドラはたずねた。

「われわれの前に現れた不思議なものは、何であったのですか」

「あれは」とウマーが答えた。「ブラフマンでした。あなたたちが勝利と栄光を得たのは、あなたたち自身によってではなく、ブラフマンによってだったのです」

このように、インドラと火神と風神は、ブラフマンを認識した。

火神と風神とインドラ――この三者は他の神々よりも優れていた。彼らはブラフマンに最も近づき、それを最初に認識した者であったからである。

しかし、すべての神々の中で、インドラが最も優れている。彼はその三者の中でブラフマンに最も近づき、その三者の中でそれを最初に認識したものであったからである。

稲妻のひらめきの中であれ、目のまたたきの中であれ、そこに示される力はブラフマンの力である。これが、自然との関係におけるブラフマンの真理である。

思考器官の動きの中で、そこに示される力はブラフマンの力である。それゆえに、人は日夜ブラフマンを瞑想するべきである。これが、人間との関係におけるブラフマンの真理である。

すべてのものの中で、ブラフマンは最も敬慕すべきものである。そのようなものとしてそれを瞑想せよ。そのようなものとしてそれを瞑想する者は、他のすべての生類《しょうるい》によって尊敬される。

弟子は師に請うた。

「師よ、さらなるブラフマンの知識をお教えください」

師は答えた。

「私はすでに、その聖なる知識をお前に説いた。禁欲、自制、執着なき義務の遂行――これらは知識の胴体である。ヴェーダはその四肢である。真理はまさにその魂である」

「ブラフマンの知識を得たものは、すべての悪から逃れ、永遠なるもの、至高のものを見出す」

オーム　シャーンティ・シャーンティ・シャーンティ

第三章　カタ・ウパニシャド

【エッセンス】不死の秘密は、心の浄化の中に、瞑想の中に、内なるアートマンと外なるブラフマンとの同一性を知ることの中に見出される。なぜなら、不死は神との純粋な合一であるから。

【祈願】

オーム
ブラフマンよ、われらを守りたまえ、
われらを導きたまえ、
われらに強さと正しき理解とを授けたまえ。
愛と調和とが、われら一同とともにあらんことを。
オーム　シャーンティ・シャーンティ・シャーンティ

ある時、ヴァージャシュラバスの子ウシャス〔一〕は、神の恩恵を願い、財産すべてを捧げる必要のある供犠を執り行った。だが彼は、家畜のみ、それも、使いものにならないような、年老いたもの、不妊のもの、盲目のもの、不具のもののみを捧げるように心がけた。この吝嗇《りんしょく》さを見て、彼の若い息子であるナチケータスは、聖典の説く真理を心に受け止めていたので、ひそかに考えた。「まことに、このような無価値な犠牲をあえて捧げるような者は、完全な闇に落ちる運命にある」このように思い、彼は父のもとに行って訴えた。

「父上、私もまたあなたのものです。私を誰に与えるのですか？」

父は答えなかった。しかしナチケータスはその質問を何度も何度も繰り返したので、父は我慢できずに答えた。

「汝は、死の神にくれてやろう！」

それを聞いて、ナチケータスは考えた。「父上の数多い息子や弟子たちの中で、私は最も優れたものである。少なくとも中位ではある。最悪のものではない。その私が何のために死の神のもとへ行くのだろう」しかし、父の言葉を守ろうと決めて、彼は言った。

「父上、その誓いを悔やまれぬよう！　既に去った者たちがどのようであったか、また今、生きている者たちがどのようになるだろうかをよくお考えください。穀物のように、人は熟して地に落ちます。そして、穀物のように、人は季節がめぐり来れば再び生まれ出ます」

そのように語って、少年は死の神の家へと旅立った。

しかし、神は家にいなかったので、ナチケータスは三夜の間待った。ようやく死の神が戻ってきた時、彼の召使が言った。

「一人のブラーミンが、炎の輝きのようにあなたの家に入ってきましたが、あなたは不在でした。それゆえに、彼に和解の贈り物をしなければなりません。慣例の儀式によって、王よ、あなたは客人を迎えなければなりません。なぜなら、家長がブラーミンに対してしかるべき歓待を示さなければ、彼は最も欲するもの——善業の果報、正義、息子、家畜などを失うからです」

そこで、死の神はナチケータスに近づき、礼を尽くした言葉で彼を迎えた。

「おお、ブラーミンよ」と、死の神は言った。「汝に敬礼する。汝は実に、あらゆる尊敬に値する賓客である。願わくば、いかなる災いもわが身に降りかからぬことを。汝は三夜をわが宅で過ごしたのに、わがもてなしを受けられなかった。それゆえに、一夜につき一つとして、三つの恩恵を求めよ」

「おお、死の神よ」と、ナチケータスは答えた。「どうかそのように。最初の恩恵として、私は、父が私を案じることのないように、彼の怒りが融けるように、そしてあなたが私を彼のもとへ送り返した時に、彼が私を認め、喜んで迎えてくれるように、と願います」

「わが意向によって」と、死の神は言明した。「汝の父は汝を認め、今までのように汝を愛するであろう。生きた汝を見て、汝の父は冷静な思考を取り戻し、安らかに眠るだろう」

次に、ナチケータスは言った。「天界には、いかなる恐れもありません。死の神よ、あなたもそこにはおらず、老いるという思いが人を恐れさせることもありません。そこでは、飢えからも渇きからも自由になり、悲しみから遠く離れて、すべてのものが喜び、楽しみます。王よ、あなたは、天界へと導く火の供犠を知っています。その供犠を私に教えてください。なぜなら、私は誠心に満ちているから。これが私の二つ目の願いです」

死の神は言った。「私は天国に導く火の供犠をよく知っている、そしてそれをあなたに説明しよう。聞きなさい。この火は天界に導く手段であることを知りなさい。それは宇宙の基礎であり、賢者の霊性の心臓の中に隠されている」

死の神、世界の源である火の供儀に関して、どのようなレンガが祭壇の為に必要か、また儀式のための火がどれだけ、どのように灯されたかについて話した。ナチケータスもまた、彼に話された様にその全てを繰り返した。そして死の神は、喜んで再び話した。

「私は汝にもう一つ余分に恩恵を与えよう。これからは、汝の名にちなんで、この供犠はナチケータス供犠と呼ばれるだろう。さあ、第三の恩恵を選ぶように」

そこで、ナチケータスは心中に思いめぐらしてから言った。

「人が死ぬと、こういう疑問が起こります。ある人は、彼は存在する、と言い、またある人は、彼は存在しない、と言います。あなたの教えによって、私は真実を知りたいと思います。これが私の三つ目の願いです」

「否」と、死の神は答えた。「神々でさえ、かつてこの神秘によって惑わされた。このことに関する真実は実にとらえ難く、理解し難い。他の恩恵を選べ、ナチケータスよ」

しかし、ナチケータスは折れようとしなかった。

「死の神よ、あなたは言います。神々でさえ、かつてこの神秘によって惑わされた。そしてそれは理解し難い、と。まことに、それを説くことのできる、あなたより優れた師はありません。――そして、これに匹敵する恩恵は他にありません」

それに対し、再びナチケータスを試みようと、死の神は繰り返した。

ヤマは言った。「一〇〇年生きる子や孫を、象、馬、牛の群れ、そして黄金を選びなさい。地上の広大な土地を選び、そこであなたが望むだけ（限定無限）生きなさい。」もしあなたが他の願いを考えるならば、それを選びなさい。ナチケータスよ、広大な王国の王になれ。私があなたを全ての欲求を享受する人にしよう。――甘美な快楽だけでなく、想像を超えた権力を願って、その悦びを味わえ。おお、まことに、私は汝を、あらゆる良きことを味わう至上の享受者にしよう。眺めるだけでも美しく、本来ならば死すべき者たちには与えられない、天上の乙女たち――彼女たちでさえ、輝く馬車に乗せて、種々の楽器を持たせ、汝のもとに遣わし、汝に仕えさせよう。だが、ナチケータスよ、死の秘密を願うなかれ！」

しかし、ナチケータスはじっと立ちつくして言った。「それらのものは遠くない未来に消え去ります。そして、おお、生の破壊者よ、それらがもたらす快楽は感覚器官をすりへらします。馬や戦車、歌や踊りは、あなた自身のために取っておきなさい！　おお、死の神よ、一度あなたの顔を見た者が、どうして富を願うでしょうか。否、私が選んだこの恩恵のみを――それのみを、私は願います。あなたを知ることによって、不滅のもの、不死のものとの交わりを得、そして、肉体の無常を知り尽くした――その私が、老衰と死とをまぬがれ得ぬこの私が、どうして長命を願うでしょうか」

「語ってください、王よ、それに関して人々が疑念を抱くところの最高の秘密を。私は他の恩恵を願いません」

そこで、死の王は、内心大いに喜び、ナチケータスに不死の秘密を教え始めた。

［死の王］

善と快楽とは異なる。それら二つは、目的は異なるが、どちらも行為を促す。善を選ぶ者たちは幸いである。快楽を選ぶ者たちは最終的な目標を見失う。

善も快楽も、人々の前にあらわれる。賢者は、双方を吟味して、一方を他方から区別する。

賢者は快楽よりも善を好む。愚者は、肉体の欲望に駆りたてられて、善よりも快楽を好む。

ナチケータスよ、汝は感覚器官を喜ばせる肉体の欲望を達観して、それらすべてを放棄した。多くの人がのたうちまわるぬかるみの道に背を向けた。

無知と知識とはたがいにかけ離れており、異なる結果に導く。ナチケータスよ、私は汝を、知識を熱望する者と見なす。なぜなら、多くの快楽も、汝を誘惑することはできなかったから。

無知の深淵に沈みながら、慢心故に己を賢者と考えて、惑わされた愚者たちは流転に流転を重ねる。盲人に導かれた盲人のように。

俗世の富という虚しいものに欺かれた、思慮のない若者には、永遠の棲家《すみか》へと導く道は明らかにされない。「この世のみが実在する。来世などは存在しない」に落ちる。――そのように考えて、彼は再生に再生を繰り返し、何度も何度も私の牙にかかる。

多くの者は、アートマンについて聞くことを許されない。多くの者は、それを聞いても、それを理解しない。それを語る者は驚くべきかな。それを学ぶ者は聡明なるかな。良き師に教えられて、それを理解するを得る者は幸いなるかな。

アートマンの真理は、無知なる者に教えられた時には、完全には理解されない。なぜなら、それに関する見解は、知識に基づいていなければ、一つ一つ異なるから。このアートマンは最も微細なものよりも微細であり、あらゆる論理を超えている。アートマンとブラフマンが一つであることを知る師に教えられて、人は無益な理論を捨てて真理に到達する。

汝が既に得た悟りは、思考を通じて来るのではなく、むしろまったく賢者の唇から来るものである。愛するナチケータスよ、汝は幸いな、幸いな者である。汝は永遠なるものを求めている故に。私は汝のような弟子をもっと持ちたいものである！

行動に由来する宝は永遠ではないという事を知っている。永遠のものは、永遠でないものから得ることは出来ない。しかし私は永遠でないものの力を用いてナチケータスの供儀を行い、そして永遠な地位（相対的永遠）に到達した。

世俗の欲望が目的とするところ、すべての人々が熱望する華やかな物、人々が宗教的儀礼によって得ようと望む天界の喜び、何にも増して求められる奇跡的な力——これらすべては汝の手の届くところにあった。だが、それらすべてを、固い決心をもって、汝は放棄した。

太古の、光り輝く存在、内在する魂、霊性の心臓の蓮華の奥深くにひそむものを知ることは難しい。しかし、賢者は瞑想の道に従って、それを知る。そして、快楽と苦痛を超越する。

アートマンは身体からも、感覚器官からも、思考器官からも離れたものであるということを学び、真実の魂、微細な原理であるそれを完全に知った者——そのような者は、まことにそれに到達し、大いに歓喜する。彼はすべての至福の源泉と、その在り処を見出した故に。

実に、ナチケータスよ、汝のために喜びの門は開かれていると、私は信じる。

［ナチケータス］
王よ、あなたに請い願います。善悪を超え、因果を超え、過去・現在・未来を超えるために、
あなたが知っていることは何であれ、私に教えてください。

［死の王］

すべてのヴェーダが言明する究極の目的、すべての苦行に潜在する目的、人々がそれを追い求めて禁欲と礼拝の生活を送る目的、それを私は簡潔に語ろう。

それは、――オームである。

この音節はブラフマンである。この音節こそ、まことに至高のものである。それを知る者は願いを成就する。

それは最も強力な支柱である。それは最高の象徴である。それを知る者は、ブラフマンを知る者として尊敬される。

オームによって象徴されるアートマンは、全能の主である。それは生まれず、死なない。それは結果でもなく、原因でもない。この太古の一者は、不生《ふしょう》、永遠、不滅である。たとえ身体が破壊されても、それは殺されない。

もし、殺人者が『私は殺した』と思い、殺された者が『私は殺された』と考えるのであれば、どちらも真実を知らない。アートマンは殺すことなく、殺されることもない。

極小のものよりも小さく、極大のものよりも大きいこのアートマンは、すべてのものの霊性の心臓の中に、永遠に住む。人が欲望から自由になり、彼の思考器官と感覚器官とが浄化されたとき、彼はアートマンの栄光を見て、悲しみを捨てる。

坐していながら、それは遠くへ旅し、休んでいながら、それはすべてのものを動かす。清浄な者のうちで最も清浄な者のみが、歓喜であり歓喜を超えたものである、この光り輝く存在をその存在を知っている自己以外悟ることができるのか?。

形の中に宿っているが、それは形なきものである。無常なるもののただ中に、それは永遠に住む。アートマンはすべてに遍満し、至高である。アートマンの本質を知って、賢者はあらゆる苦しみを超える。

アートマンは、聖典の学習によっても、知性の鋭敏さによっても、学問の深さによっても知られない。しかし、アートマンの恩寵によってのみ知られる［1］。まことに、彼のみに、アートマンは自身の本性を明らかにする。

もし、人が悪を断念することなく、感覚器官を統御することなく、心を静めることなく、瞑想を実践することがなくても、それは実在の知識をとおしてのみ、認識される。

彼にとって、ブラーミンとクシャトリヤは食物でしかなく、死それ自体は薬味である。

個我も宇宙我もともに、至高者の住居である霊性の心臓の洞穴に入った。しかし、ブラフマンを知る者たちと、火の供犠を執り行う家長たちとは、その二者の間に光と影のような差異を見る。

願わくば、苦悩の世を乗り越えるナチケータス供犠を、われらが行わんことを。解脱を求める者たちの行きつく処であり隠れ家である、恐れのない不滅のブラフマンを、われらが知らんことを。

アートマンは馬車に乗るものであり、身体は馬車であると知れ。知性は御者であり、思考器官は手綱であると知れ［2］。

賢者たちは言う、感覚器官は馬であり、彼らの走る道は欲望の迷路である、と。賢者たちは、アートマンが身体、感覚器官および思考器官と結びつく時、それを享受者と呼ぶ。

人が知性に欠け、その思考器官が統御されないとき、その感覚器官は、御者に従わない悍馬《かんば》のように御し難い。だが、人が知性を持ち、その思考器官が統御されている時、その感覚器官は、よく馴らされた馬のように、御者の手綱に従う。

知性を欠き、思考器官が堅固でなく、心が不浄である者は、決して究極の目的に達することはない。しかし、知性を持ち、思考器官が堅固で、心が清浄な者は、究極の目的に到達する。到達した後、二度と生まれることはない。

正しい知性を御者とし、統御された思考器官を手綱とする者――彼こそは、旅の目的地、一切に遍満するヴィシュヌの至高の棲家《すみか》に到達する［3］。

感覚器官は物質的対象に由来する。物質的対象は思考器官に由来する。思考器官は知性に由来する。知性は自我意識に由来する。自我意識は未顕現の種子に由来する。そして、未顕現の種子はブラフマン――原因なき原因に由来する。

ブラフマンは旅の目的地である。ブラフマンは至高の目的である。

あらゆる存在の奥深くに隠されたこのブラフマン、このアートマンは、すべての者に明らかにされるのではない。しかし、清浄な心を持ち、思考器官を統御した賢者たち――彼らに対して明らかにされる。

賢者の感覚器官は彼の思考器官にもどり、彼の思考器官は彼の知性にもどり、彼の知性は彼の自我意識にもどり、彼の自我意識はアートマンにもどる。

起《た》て！　目覚めよ！　師の足元に近づき、それを知れ。聖者たちは言う、その道は鋭い剃刀の刃のようである、と。その道は狭く、踏み行き難い！

音なく、形なく、触れ難く、不死であり、味なく、香なく、永遠であり、始まりも終わりもなく、不変であり、大いなるもの超越しているもの、それがアートマンである。アートマンがそのようなものであると知って、人は死から解き放たれる。

［語り手］
賢者は、死の王がナチケータスに対して明らかにした永遠の真理を聞き、かつ学んで、ブラフマーの世界において称賛される。
ブラーミンの会合において、あるいは父祖の祖霊祭において、この至高の神秘を帰依の心を込めて詠ずる者は、計り知れない果報を得る！

［死の王］

自ら存在する者は、感覚器官を外界に向かせた。それゆえに、人は外にあるものを見て、内にあるものを見ない。不死を求めて、外にあるものに対して目を閉ざし、アートマンを見る者は稀である。

愚者たちは肉体の欲望に従い、死を取り囲む罠に落ち込む。しかし賢者は、アートマンが永遠であると知って、去り行くものを求めない。

それを通して人が見、味わい、嗅ぎ、聞き、感じ、そして楽しむところのもの、それが全能の主である。

それは、まことに不死のアートマンである。それを知れば、人はすべてを知る。

それを通して人が熟眠状態、あるいは覚醒状態を経験するところのもの、それが一切に遍満するアートマンである。彼を知れば、人はもはや悲しまない。

個人の魂、行為の果報の享受者が、アートマン――永遠に内在する、時間、および過去と未来の主――であると知る者は、すべての恐れを捨てる。なぜなら、このアートマンは、不死のアートマンであるから。

初めに生まれた者――ブラフマーの思考から生まれ、水の創造より前に生まれた者――彼が霊性の心臓の蓮華に宿り、また地水火風に宿るのを見る者は、実に、ブラフマンを見る。なぜなら、この初めに生まれた者は、不死のアートマンであるから［4］。

すべての力の中の力であり、またそのようなものとして生まれたもの、物質として形を現わし、また物質の内に存在するもの、そして霊性の心臓の蓮華に入ったもの、それは不死のアートマンである。

母の胎によくまもられている胎児のように、火打ち道具の中にひそみ、目覚めた魂によって、また、祭火を捧げる人々によって、日々礼拝されるアグニ、すべてを見通す者、彼は不死のアートマンである［5］。

そこにおいて太陽が昇り、また沈むところのもの、すべての自然の力と諸感覚との源泉であるもの、何ものによっても超えられないもの――それは不死のヒラニヤガルバである。

われわれの内に存在するものは、また外にも存在する。外に存在するものは、また内にも存在する。内に存在するものと外に存在するものとの間に差異を見出す者は、常に死から死へと向かう。

清浄な思考器官のみが、分割不能のブラフマンに到達する。ブラフマンのみがあり――他には何もない。多様な世界を見て、唯一の実在を見ない者は、常に死から死へと向かう。

かの存在は親指の大きさで、霊性の心臓の奥深くに住んでいる［6］。それは過去と未来、時間の主である。それに到達すれば、人はもはや畏《おそ》れない（隠すことがない、罪がない）。それは、まことに、不死のアートマンである。

かの存在は親指の大きさで、煙のない火のようである。それは過去と未来、時間の主であり、今日も明日も変わらない。それは、まことに、不死のアートマンである。

雨が丘の上に降り注ぎ、その斜面から流れ落ちるように、アートマンの中に多様性を見る者は、数多《あまた》の誕生を追いかける。

清浄な水が清浄な水に注がれても清浄なままであるように、深くアートマンの事を考えている聖者の自己もこのようになる。ナチケータスよ、ブラフマンと合一しても、アートマンは清浄なままである。

その認識の光が永遠に輝く生まれざる者に、一一の門を持つ都市は従属している［7］。その都市の支配者を瞑想する者は、もはや悲しまない。彼は解脱を得て、もはや生まれることも死ぬこともない。なぜなら、この都市の支配者は、不死のアートマンであるから。

不死のアートマンは、天空に輝く太陽であり、空を渡る風であり、祭壇に燃える火であり、家に住む賓客である。それはすべての人間の中に在り、神々の中に在り、空の中に在り、真理が存するあらゆるところに在る。それは水中に生まれた魚であり、地中に育つ植物であり、山中からほとばしり流れる川である。——かの、不変の実在、限りなきもの！

呼気を上に引き上げ、呼気を内に引き下げ、一切の神々は、霊性の心臓に宿るその小人を礼拝する。

この身体に住むものが、体から解放された時、いったい何が残るだろうか。なぜなら、まことに、それは不死のアートマンであるから。

人は呼吸のみによって生きるのではない。呼吸の力を持つものによって生きるのである。そして、ナチケータスよ、私は汝に、不可視《ふかし》で永遠なるブラフマンについて、そして、死後アートマンに起こることについて語ろう。

アートマンについて知らない者たちの中で、ある者は子宮を持つものの胎内に入り、またある者は精子に入る——各々の行為と、知性の成熟とに応じて。

われわれが眠っている間でさえ、われわれの内にあって目覚めており、夢の中でわれわれの欲望の対象を形作っているもの——それは実に純粋である。それはブラフマンである。それは、まことに、不死なる者と呼ばれる。すべての場所はそれの中に存在し、何ものもそれを超えることはできない。それはアートマンである。

火は一つでありながら、それが焼き尽くすあらゆるものの形をとるように、アートマンもまた、一つでありながら、それが宿るあらゆるものの形をとる。

空は一つでありながら、それが入るあらゆるものの形をとるように、アートマンもまた、一つでありながら、それが宿るあらゆるものの形をとる。

見る者に対してすべての事物を明らかにする太陽は、罪のまなざしによっても、それが照らし出す事物の汚れによっても害されることがないように、唯一のアートマンは、すべての内に宿りながら、この世の悪に汚されない。なぜなら、それは一切を超えているから。

それは唯一であり、一切の主であり、内奥のアートマンである。それは一つの形でありながら、多くの形をとる。自らの霊性の心臓の内に明らかになったアートマンを見る者、彼のみ永遠の至福を得る——彼のみに、彼のみに！

智慧ある者たちの智慧であり、無常なるものの中にあって永遠であるそれは、一つでありながら、多くの者の欲望を満たす。自らの心臓の内に明らかになったアートマンを見る者、彼のみ永遠の至福を得る——彼のみに、彼のみに！

［ナチケータス］
王よ、至高で、言語を絶し、賢者のみが到達する至福のアートマンを、私はいかにして見出しましょうか。それは自ら輝いているのですか、自分の心と知性で理解できるのですか？

［死の王］
太陽もそれを照らさない。月も、星も、稲妻も——まことに、地上に点された火でさえも。それはすべてに光を与える唯一の光である。それが輝いて、すべてが輝く。

この世界は、永遠に存続する一本の木である。その根は上に、その枝は下にひろがっている。その木の清浄な根はブラフマンである。不滅であり、三つの世界もその中に存在し、何ものもそれを超えることができない。それこそまことに、アートマンである［8］。

全世界はブラフマンから生まれ、ブラフマンの中で動く。それは天空から轟く雷電のように、威力あり、畏るべきものである。それに達した者は不死になる。

それを畏れるが故に火は燃え、太陽は輝き、雨は降り、風は吹き、死は殺すのである。

身体を去る前にブラフマンに達することができなかった者は、再びこの被造物の世界において身体を得なければならない。

人間の魂においては、ブラフマンは鏡に映るようにはっきりと理解される。ブラフマーの世界においてもまた、ブラフマンは光が闇から区別されるようにはっきりと理解される。祖霊の世界においては、それは夢の中でのように見える［９］。ガンダルヴァの世界においては、それは水に映った影のように見える［二］。

感覚器官は、対象の違いに応じて、異なる起源を持つ。感覚器官は、覚醒時のように活動的であることもあろうし、熟眠時のように非活動的であることもあろう。感覚器官が不変のアートマンとは異なると知る者は、もはや嘆かない。

感覚器官の上に思考器官がある。心の上に知性がある。知性の上に自我意識がある。自我意識の上に未顕現の種子、すなわち根本原因がある。

そして、まことに、未顕現の種子のはるか上に、すべてに遍満する魂であり、完全なものであり、人がそれを知って自由に達し、不死を得る。

それを肉眼で見る者はいない。なぜなら、それは可視の形を持たないから。だがそれは、瞑想を通して、心の内に顕現する。それを知る者たちは不死となる。

すべての感覚器官が静まり、思考器官が安らぎ、知性が揺るがぬ時――その時を、賢者は、最高の状態と言う。

感覚器官を堅く抑制し、アートマンに集中することをヨーガと定義される。そのヨーガの状態が現れたり、消えたりする。「その時ヨーギーは気を付けなければならない」

迷妄を脱していない者においては、この寂静は確かなものでなく、真実でない。それは来たり、また去る。ブラフマンは、言葉もこれを明らかにすることができず、思考器官もこれに到達することができず、目もこれを見ることはできない。それならば、それを知る者たちによらずに、どうしてそれを知ることができようか。

二つの自己が存在する。見せかけの自己と、真実の自己、すなわちアートマンである。その中で、真実の自己、すなわちアートマンのみが、真に存在するものとして感得されなければならない。それを真に存在するものとして感得した者に対して、それはその内奥の本質を明らかにする。

霊性の心臓の中に一切の欲望が消滅された時、死すべき者は不死となる。この世においてブラフマンに到達する。心の中の無知のもつれがほどかれた死すべき者は不死となる。これらは聖典に説かれている最高の真理である。

心臓の蓮華から、一〇一条の脈官《みゃくかん》がひろがっている。そのうちの一条が、頭にある千弁の蓮華へと上っている。人が死ぬ時、もし彼の気息《きそく》がこの脈官を通って上方へ出て行くならば、彼は不死に達する。しかし、彼の気息が他の脈官を通って出て行くなら、彼はいずれかの死すべき者たちの世界に行き、誕生と死とを繰り返す。

親指の大きさであり、内奥のアートマンである至高のプルシャは、あらゆる生類《しょうるい》の霊性の心臓に永遠に住んでいる〔三〕。葦《あし》からその髄《ずい》を引き抜くように、真理の探求者は、大いなる忍耐をもって、身体からアートマンを引き離さなくてはならない。このアートマンは純粋で不死であると知れ――いかにも、純粋で不死である！

〔語り手〕

ナチケータスは、死の神からこの知識とヨーガの誓いとを学んで、不浄と死から解き放たれ、ブラフマンと合一した。内奥のアートマンを知れば、他の者もまた、ブラフマンと合一するだろう。

オーム　シャーンティ・シャーンティ・シャーンティ

[1] この文章に関しては、恩寵の神秘を伴う他の解釈も存在する。つまり、「アートマンが選んだ者のみが、アートマンに到達する」という解釈である。

[2] ヒンドゥの心理学では、思考器官は身体器官の一つである。

[3] ここでは、ヴィシュヌはブラフマンと同義である。

[4] 絶対者であり、非人格的存在であるブラフマンは、マーヤーと呼ばれる力――経験的世界として展開する力――と結びついた時、ヒラニヤガルバ、すなわち「初めに生まれた者」と呼ばれる。

[5] これはヴェーダの供犠に対する言及である。「火」を意味する名を持つ火の神アグニは、全てを見通す者であり、ブラフマンを象徴する火であり、顕現させる者であると言われる。火をおこすためにこすり合わされる二本の火うち棒は、人間の心と思考器官を象徴する。

[6] 聖者たちは弟子の瞑想を助けるために、アートマンに一定の大きさを想定する。

[7] 生まれざる者とはアートマンのことである。一一の門を持つ都市とは、目、耳等の穴を持つ身体のことである。

[8] 「三つの世界」とは、天界、地上界、地下界である。

[9] 祖霊とは、功徳を積んだ死者の魂である。彼らは別の世界に住み、善業の果報を享受するが、いずれ再生する存在である。

［一］底本では、供犠を執り行ったのはヴァージャシュラバスとなっているが、サンスクリット原典に基づいてヴァージャシュラバスの子であるウシャスに改めた。

［二］ガンダルヴァとは、半神の一種である。天上の楽師と呼ばれ、歌や楽器に巧みであると言われる。

［三］プルシャは、「人」を意味する一般名詞であると同時に、至高の存在をあらわす語でもある。ここでは、プルシャはブラフマンと同義である。

第四章　プラシュナ・ウパニシャド

【エッセンス】人間は、プラーナ〔気息〕、行為器官、思考器官、感覚器官というような要素から成り立っている。——それらすべてはアートマンに由来する。それらはアートマンから現れ、最後にはアートマンに帰入《きにゅう》する。——川が海に帰入するように。

【祈願】
オーム
われらの耳によりて、われらに善きことを聴かしめたまえ。
われらの眼によりて、汝の正しさを見さしめたまえ。
汝を礼拝し奉るわれらに、身体の寂静と安寧《あんねい》とを見出さしめたまえ。
オーム　シャーンティ・シャーンティ・シャーンティ
オーム　至高のアートマンに幸いあれ！

スケーシャ、サティヤカーマ、ガールギヤ、カウサリヤ、バールガヴァ、およびカバンディンは、至高のブラフマンの真理に帰依し、またそれを求める者たちであった。彼らは敬意と謙譲とをもって、賢者ピッパラーダに近づいた。

賢者は言った。「苦行と禁欲と信仰とを一年間行え。その上で望みの問いを発するがよい。私が答えられるものには答えよう」

一年の後、カバンディンは師に近づいて、言った。

「師よ、被造物はどのように生じたのですか？」

「生きとし生けるものの主は」と賢者は答えた。「瞑想し、純粋活力であるプラーナ［気息《きそく》］と、形を与える者であるライ［物質］とを生み出した。男女であるかの二者が、様々な方法で、彼のために生類《しょうるい》を生み出すことを願って」

「純粋活力、すなわちプラーナは太陽である。形を与える実体であるライは月である」

「粗大なものも微細なものも含めて、世界はことごとくライと一体であると知れ。それゆえ、ライは遍在である」

「同じように、世界はプラーナと一体である。朝日は東方に輝きわたり、そこに棲むすべての生類を力で満たす。また同様に、その光が南に、西に、北に、天頂に、天底に、またその中間に降り注ぐ時、彼はそこに棲むすべての生類に生命を与えるのだ」

「プラーナは世界の魂であって、あらゆる姿をとっている。彼はすべてを生かし、すべてを照らす光である。まさに、次のように述べられているように――

『賢き人々は、彼、すなわちあらゆる形をとる者、光り輝く者、すべてを知る者、すべてに光を与える唯一の光である者を知っている。彼は千条の光線を持つ太陽として昇り、あらゆる場所に宿る』と」

「プラーナとライは、共同して『年』を区切る。太陽の道は二つある――人が死後歩む道は二つある。それらは南道と北道である」

「子孫を欲し、施しや祭式を熱心に行い、それらを最上の達成すべき目的であると考える者は、月の世界に達して、再び地上に生まれて来る。彼らは父祖の道である南道を行く。その道は実にライ、すなわち形を造る者である」

「しかし、禁欲、苦行、信仰、知識等の方法によって、アートマンの探求に身を捧げる者は、北道を行き、太陽の世界に達する。太陽、すなわち光は、実にすべての力の源泉である。それは不死であり、恐怖を超越している。それは至高の到達点である。太陽に行く者には、もはや生も死もない。太陽が生と死とを終わらせる」

「プラーナとライは、共同して『月』を形作る。月の欠ける一四日はライであり、月の満ちる一四日はプラーナである。賢者たちは、月の満ちる一四日に、知識をもって祭式を行う。一方、愚者たちは、月の欠ける一四日に、無知をもってそれらを行う」

「食物はプラーナとライである。食物から種子が生まれ、そして今度は種子からあらゆる被造物が生まれる」

「創造された世界を崇拝する人々は子どもたちを生み出す。ただ苦行、瞑想、および誠実さにおいて堅固なる人々のみが、ブラフマンの世界に到達する」

「ブラフマンの清浄な世界には、欺かず、よこしまでなく、偽らない人々のみが到達することができる」


次にバールガヴァが師に近づいてたずねた。

「尊者よ、何種類の力が集まってこの身体を統合しているのですか？　その中のどれが一番明らかなものですか？　どれが一番偉大なものですか？」

「その力は」と聖者は答えた。「空、風、火、水、および地である。これらが身体を構成する五大元素である。さらにその他に、言葉、思考器官、眼、耳、およびその他の感覚器官がある。ある時、これらの力が自慢をし始めた。『われわれが共にこの身体を統合し、これを支えているのだ』そこで、彼らすべての中の最高者であり、純粋活力であるプラーナが、彼らに言った。『お前たち、自分をあざむかぬがよい。私が私自身を五つに分けているのであり、この身体を統合し、支えているのは私のみである』しかし彼らは彼の言うことを信じようとしなかった」

「プラーナは自分の正しさを証明するために、身体から立ち去る素振りを見せた。しかし彼が立ち上がって去るように見せかけた時、他のすべては、もし彼が去ったら自分たちも彼と共に身体を去らなければならないであろうということを悟った。そしてプラーナが再びその座に着いた時、彼らも各自の場所を見出した。あたかも女王蜂が出て行くと蜂どもは出て行き、女王蜂が戻ると彼らも戻ってくるように、言葉、思考器官、視覚、聴覚、およびその他のすべてもプラーナと共に出て行き、プラーナと共に戻ってくるのである。自分たちの誤りを悟り、彼らは今はプラーナをたたえて言った」

「『火となって、プラーナは燃える。太陽となって、彼は輝く。雲となって雨を降らせ、インドラとなって神々を支配する。風となって彼は吹き、月となってすべてのものを育む。彼は可視であり、不可視である。彼は不死の生命である』

「『車輪の甑《こしき》と輻《や》のように、あらゆるものは次々にプラーナにおいて造られる――リグ、ヤジュル、サーマの三ヴェーダ、およびすべての供犠も、クシャトリヤもブラーミンも』

「『おお、プラーナよ、創造の主よ、汝は胎内で動き、そして再び生まれる。呼吸として身体に宿る汝に、すべての被造物は供物を捧げる』

「『汝は火となって、神々への献物を運ぶ。汝を通して、父祖たちは供物を受け取る。汝はすべての感覚器官に、各々の機能を与える』

「『プラーナよ、汝は創造者である。汝は勇敢なる破壊者である。そして汝は守護者である。汝は太陽として天空を動く。汝は光の主である』

「『プラーナよ、汝が雨を降らせると、汝の被造物たちは歓喜し、食物が望むだけ手に入ると期待する』

「『汝は清浄そのものである。汝はあらゆる存在物の主である。汝は供物を食べる火である。われわれ感覚器官は汝に──一切の父である汝に、供物をささげる』

「『言葉の中に、耳の中に、そして眼の中に住み、心臓に満ちる汝の力──その力に幸いあれ。われらを見捨てたもうな』

「『この世界に存在するすべては汝に依拠する、おおプラーナよ。母がその子を守るように、われらを守りたまえ。繁栄と智慧とを授けたまえ』と」

次にカウサリヤの番になると、彼はこのような質問をした。

「師よ、プラーナは何から生まれるのですか？　どのようにして身体に入るのですか？　そこで自分をいくつにもわけた後、どのようにして生きているのですか？　どのようにして彼は出て行くのですか？　どのようにして外界にあるものを経験するのですか？　またどのようにして身体、感覚器官、および思考器官を統合しているのですか？」

これに対して賢者は答えた。

「カウサリヤ、お前は非常に難しいことを聞く。だがお前はブラフマンの真理を熱心に求める者であるから、私は答えねばなるまい」

「プラーナはアートマンから生まれる。人とその影のように、アートマンとプラーナとは離れることができない。プラーナは、過去の生から引き継がれた思考器官の欲望を満たすために、誕生の時に身体に入る」

「王が役人たちを使って領国内の各地を治めるように、プラーナは四つの他のプラーナと力を合わせる。その四つのプラーナの一つ一つは彼自身の一部であり、それぞれ個々の機能を割り当てられている」

「プラーナ自身は眼、耳、口、および鼻に棲む。第二のプラーナであるアパーナは、排泄と生殖の器官をつかさどる。第三のプラーナであるサマーナは、へそに棲み、消化と吸収を管理している」

「アートマンは心臓の蓮華に棲み、そこから一〇一条の神経が発している。その各々からもっと細い一〇〇の神経が派生しており、それらの各々からさらに細い七万二〇〇〇の神経が発している。それらすべての中を、第四のプラーナであるヴィヤーナが動くのである」

「そして死の瞬間に、背骨の中心にある神経を通って、第五のプラーナであるウダーナが、有徳の人をより高い生へと導き、罪深い人をより低い生に、徳もあり罪もあるような人を人間世界への再生に導く」

「太陽は宇宙のプラーナである。それは人間の眼の中のプラーリを助けて、物が見えるようにする。地の力は人間の中のアパーナを支えている。太陽と地の間の空はサマーナであり、遍在する風はヴィヤーナである。ウダーナは火であり、それゆえに、体温が失われると人は死ぬのである。その後で彼の感覚器官は思考器官に吸収され、彼は再び生を受ける」

「死の瞬間における人の思考がどのようなものであれ、それが彼をプラーナに結び付ける。一方、プラーナは、ウダーナやアートマンと結びついて、彼を彼自身にふさわしい世界に生まれ変わらせる」

「以上、私がお前に示した通りにプラーナを知る者は、その子孫の絶えることがない。そして彼自身は不死となる」

「昔このように言われた、『プラーナを知る者――それがどこから来るのか、どのようにして身体の中に入るのか、自分を五つに分けた後、どのようにしてそこに棲むのか、彼の内奥のはたらきはどのようであるか――それを知る者は不死を得る。然り、まことに、不死を得る』

と」

ガールギヤが次にたずねた。

「師よ、人の肉体が眠る時、彼の内部で眠るのは誰ですか？　誰が目を覚ましているのですか？　誰が夢を見ているのですか？　誰がその時幸福を経験するのですか？　すべての感覚器官は誰に結びついているのですか？」

「ガールギヤよ」と聖者は答えた。「太陽が沈む時、その光線が光の円の中に集まり、太陽が昇る時に再びあらわれるように、感覚器官は彼らすべての中の最高者である思考器官に集まる。それゆえ、人が聞かず、見ず、嗅がず、味わわず、触れず、話さず、握らず、楽しみもしない時、われわれは彼が眠っていると言う」

「その時、身体の中でプラーナのみが目を覚ましており、思考器官はアートマンの近くへと導かれる」

「夢の中で思考器官は、その過去の印象を再生させる。かつて見たものは何であれ、それを再び見る。かつて聞いたことは何であれ、それを再び聞く。地上の様々の国、様々の場所で享受したことはなんであれ、それを再び享受する。見たものと見なかったものとを、聞いたことと聞かなかったこととを、享受したことと享受しなかったこととを、現実と非現実とを、それは見る。まことにそれはすべてを見る〔1〕」

「思考器官は、深い眠りに打ち負かされる時、夢も見なくなる。それは身体の中に幸福に安らう」

「あたかも鳥が休息のために木に飛んでいくように、わが友よ、地とその原子、水とその原子、火とその原子、風とその原子、空とその原子、眼とそれの見るもの、耳とそれの聞くもの、鼻とそれの嗅ぐもの、舌とそれの味わうもの、肌とそれの触れるもの、声とそれの話すこと、手とそれの握る物、足とそれの踏みしめるもの、思考器官とそれの知覚すること、知性とそれの理解すること、自我意識とそれが自己のものとしてとらえるもの、心とそれの愛するもの、光とそれの照らすもの、力とそれが統合するもの、これらすべてのものは、アートマンへと飛んでいくのだ」

「なぜなら、見、聞き、嗅ぎ、味わい、考え、知り、行為するのは、実はアートマンなのである。それはすなわちブラフマンである。ブラフマンの本質は知識である。それは不変のアートマン、至高の存在である」

「おお、わが友よ、不変で純粋、影なく、身体を持たず、色のないものを知る者は、ブラフマンに到達する。そのような人間は全知者となり、すべてのものの内に棲むようになる。彼については、こう書かれている」

「『思考器官、感覚器官、プラーナ、諸元素をその内部に住まわせている、かの不変のものを知る者――そのような者は、まことにすべてのものを知り、すべてのものの中にアートマンを認識する』と」

それから、サティヤカーマが師に近づいて、言った。

「尊い師よ、もし人がオームという語を生涯瞑想し続けると、死後どのような果報がありますか？」

師は次のように答えた。

「サティヤカーマよ、オームはブラフマンである――限定されているブラフマンであり、かつ非限定のブラフマンである。人格的ブラフマンであり、かつ非人格的ブラフマンである。それを瞑想することによって、賢者はいずれかの世界に到達するであろう」

「もし人がオームの意味についてほとんど知識を持たずに瞑想しても、それによって啓《ひら》かれて、彼は死の時にただちにこの地上に再生して、新しい生涯の間、苦行、禁欲、信仰に身を捧げ、偉大な魂を得るであろう」

「もしまた、彼が、オームの意味についてより大きな知識を持って瞑想するならば、彼は死の時に月天に昇り、その世界での歓びにあずかって後、再び地上に戻る」

「しかしもし彼が、オームが神と一つのものであると完全に意識しながら瞑想するなら、彼は死の時に太陽の中にある光と合一して、あたかも蛇がその古い皮から脱け出るように悪を脱し、神の棲み処《か》へと昇るであろう。そこで彼は、すべてのものの中に棲むブラフマンを認識する――至高のブラフマンを！」

「聖なる語オームに関して、このように説かれている」

「『オームという語は、それが完全に理解されていない時には、死のかなたへは導かない。それが完全に理解され、瞑想が正しい方向を向いている時には、人は、覚醒状態でも、夢眠状態でも、熟眠状態でも、恐怖から解放されて、ブラフマンに到達する』と」

「オームを多少は理解している、という徳によって、人は死後地上に戻る。もっと深く理解している、という徳によって、人は聖仙たちにのみ知られていることを学ぶ。賢者はオームの助けによって、ブラフマン、すなわち無畏《むい》のものに、不朽のものに、不死のものに到達する」

最後に、スケーシャが賢者に近づいて言った。

「尊者よ、コーサラの王子、ヒラニャナーバがある時私にこうたずねました。『スケーシャよ、お前はアートマンとその一六の部分を知っているか?』私は答えました。『存じません。知っていればあなたにお教えしたはずです。嘘は申しません。嘘をつく者は根こそぎ、滅びてしまうからです』と。王子は黙って馬車に乗って去って行きました。それで、今おたずねいたします。アートマンはどこにあるのですか?」

賢者は答えた。

「わが子よ、この身体の中に、アートマンは棲んでいる。世界の一六の部分はそれから生じた。このようにして、それらは生じたのである」

「『もし、創造をしながら、私が自分の造ったものの中に入るとすれば』と、アートマンは思案した。『何が私をそれに縛り付けるだろう。私が出て行く時、何が出て行くだろう。私がとどまる時、何がとどまるだろう』このように考えて、その考えに対する答えとして、それはプラーナを造った。プラーナから、それは意欲を造った。意欲から、それは空と、風と、火と、水と、地と、感覚器官と、思考器官と、食物とを造った。そして食物から、それは活力、苦行、ヴェーダ、供犠、および全世界を造った。その後で、世界の中に諸々の名称を造った。

このようにして造った要素の数が、一六だったのである」

「海に向かって流れる川が海に達し、名称も形態も失ってその中に没する時、人々が海のことだけを語るように、永遠の見る者であるアートマンそのものから造られたこれら一六の部分が、自らの出てきたところへと帰り、目指すところであるその中に消えて、名称と形態とを失う時、人はただアートマンのことだけを語る。その時、彼にとって、その一六の部分はもはやなく、彼は不滅に到達する」

「古くからこのように言われている」

「『一六の部分は、車輪の甑《こしき》であるアートマンから放射する輻《や》である。アートマンは知識の到達点である。彼を知って死を超越せよ』と」

賢者は結論して言った。

「私が今あなた方に話したことは、至高のブラフマン、すなわちアートマンについて言い得るすべてである。この他には何もない」

弟子たちは賢者を礼拝して言った。

「まことにあなたは私どもの父上、私どもを無知の海の彼方へ導いてくださいました」

「私どもはすべての偉大な聖仙に帰依します」
「偉大な聖仙に帰依し奉ります」

オーム　シャーンティ・シャーンティ・シャーンティ

［1］シャンカラは、「見なかったもの、聞かなかったこと、享受しなかったことを夢の中で経験する」という一節を説明して、「これらは過去世で見られたもの、聞かれたこと、享受したことである」と述べている。

第五章　ムンダカ・ウパニシャド

【エッセンス】　多様な感覚器官の対象は、ブラフマンから生じたものにすぎないのだから、対象を対象そのものとして知るのみでは不十分である。人間のあらゆる行為は、創造の普遍的な過程のある段階にすぎないのだから、行為のみでは不十分である。

賢者は知識と智慧とを区別しなければならない。知識は物質、行為、および［それらの］関係についてのものである。しかし智慧は、ブラフマンについてのみのものである。そして、あらゆる物質、行為、および［それらの］関係を超越して、ブラフマンは永遠に存在する。それと一つになることが、唯一の智慧である。

【祈願】

オーム
われらの耳によりて、われらに善きことを聴かしめたまえ。
われらの眼によりて、汝の正しさを見さしめたまえ。
汝を礼拝し奉るわれらに、身体の寂静と安寧とを見出さしめたまえ。
オーム　シャーンティ・シャーンティ・シャーンティ

存在という大海の中から、最初に生まれた者であり、かつ神々の筆頭者であるブラフマーが現れた。彼から世界が生じた。そして彼はその守護者となった。すべての知識の源泉であるブラフマンの知識を、彼はその最初の息子、アタルヴァンに啓示した。

次に、アタルヴァンは、この同じブラフマンの知識をアンギルに伝えた。アンギルはこれをサティヤヴァーハに、サティヤヴァーハはこれをアンギラスに啓示した。

ある時アンギラスのもとに、有名な家住者であるシャウナカが来て、恭しく訊ねた。

「聖なる方よ、それによって他のすべてを知ることのできるものは何ですか？」

「ブラフマンを知る人々は」とアンギラスが答えた。「知識に高次のものと低次のものとの二種類がある、と言う」

「低次の知識というのは、ヴェーダ（リグ、サーマ、ヤジュル、およびアタルヴァ）の知識であり、また音韻学、祭事学、文法学、語源学、韻律学および天文学の知識である」

「高次の知識というのは、それによって不変の存在を知ることのできる知識である。これによって賢者には、感覚を超えたもの、原因を持たないもの、言葉で言いあらわせないもの、眼も耳も持たず手も足も持たないもの、一切に遍満し、もっとも微細なものより微細であり――永遠で、すべてのものの根源であるものが、あますところなく啓示される」

「蜘蛛から糸が出てまた吸いこまれるように、大地から植物が生じ、人間に頭髪が生えるように、世界は永遠のブラフマンから生じる」

「ブラフマンは、かくあるべし、と望んだ。そして、自身の中から、世界の質料因《しつりょういん》を生んだ。それから純粋活力「プラーナ」が生まれ、そして純粋活力から思考器官が、思考器官から微細な元素が、微細な元素から諸世界が、そしてその諸世界に住むものの行う行為から因果の連鎖――行為の善い報いと悪い報いとが生まれた」

「ブラフマンはすべてを見、すべてを知る。それは知識そのものである。それから、万物の知性、名称、形態およびあらゆる被造物の質料因が生まれる」

供犠の果報は、無常で有限である。これをもって最高の善きものと見なす、惑わされた人は、生と死の主体であり続ける。無知の深淵に住みながら、しかも自分を賢いと思い込み、惑わされた人は、盲人に導かれる盲人のように堂々巡りを続ける。

無知の深淵に住みながら、惑わされた人は、自身を恵まれた者と考えている。行為に執着し、神を知らない。行為は彼らをせいぜい天国に導くのみである。悲しいことだが、彼らの果報はじきに尽きて、彼らは地上に投げ返される。

信仰とは儀式を執り行うこと、施しを与えることである、と考えて、惑わされた人々は、最高の善きものを知らずにいる。天界において善い行為の果報を享受した後、彼らは再び死すべきものたちの世界に入る。

しかし、賢く、自制し、静まった魂を持ち、精神が満ち足りて、独居と沈黙の中で苦行と瞑想とを実践する者たちは、あらゆる不浄から離れ、解脱という道を通って、不死の、真実なる存在、不変のアートマンに到達する。

霊的な生活に身を捧げる人たちに、善い行いによって得られるような楽しみは、この世のものであれ来世のものであれ、つかの間ではかない性質を持つものである、ということを、仔細に吟味させよ。そして、人が永遠なるものを得るのは、行為によってではない、ということを感得させよ。無常なものには一顧《いっこ》だにせず、瞑想に集中して俗世を放棄させよ。もし彼が永遠なるものを知りたいと思うなら、ブラフマンに帰依し、そして聖典に精通しているグルのもとに、へりくだった心をもっておもむかせよ。

崇敬の念をもって近づく、自制し、静まった心を持つ弟子に対して、賢い師は、誠実に、惜しまずに、かの知識を与える。それによって、真実なる存在、不変のアートマンが知られるのである。

不滅なるものは真実なる存在である。燃え立つ炎から無数の火花が舞い上がるように、不滅なるものの深淵から、すべてのものは生じる。不滅なるものの深淵へと、それらは順次くだって行く。

かの存在は自ら光り輝き、そして無形である。それはすべてのものの内にあり、すべてのものの外にある。それは生まれず、純粋であって、もっとも大きいものより大きく、呼吸なく、思考器官も持たない。

純粋活力、思考器官、感覚器官、空、風、火、水、地、これらはそれから生まれ、それがこれらすべてを一つに結び付けている。

天はその頭、日月《じつげつ》はその眼、四方はその耳、啓示された聖典はその声、風はその息、世界はその心臓である。その両脚から地は生じた。それはすべてのものの内奥にあるアートマンである。

それから太陽に輝く空は生じ、空から雨が、雨から食物が、食物から男の内なる種子が生じ、男はその種子を女に与える。

このようにして、すべての生き物は、それから生じるのである。

それから、讃歌、詠唱、聖典、儀式、供犠、供物、時の区分、行為者とその行為、および太陽に照らされ月に清められるすべての世界が生まれる。

それから、様々の系統の神々が生まれる。それから、天人《てんにん》と人間と獣と鳥が、それから、気息とそれを支える食物とが生まれ、それから、苦行と瞑想、信仰、誠実、節制および規則が生まれる。

それから、諸々の感覚器官、それらのはたらき、およびはたらきの対象が、これらの対象の知覚とともに生まれる。これらすべてのもの、すなわち人間の性質の諸部分は、それから生まれるのである。

それの中に、すべての海と山々はその源を持ち、それから、諸々《もろもろ》の河川は発し、そしてそれから、植物やその他の生命を維持する要素が生じ、それらの手助けによって、人間の微細な身体は、物質的な肉体の中で生きながらえるのである。

このように、ブラフマンは最も重要なものである。それは行為であり、知識であり、至高の善である。心臓の蓮華に隠れているそれを知ることは、無知という結び目を解くことである。

ブラフマンは自ら光り輝くものであり、常にあらゆるものの中心にある。それはすべてのものよりどころであり、最高の目的である。それの中に、すべての動くもの、すべての呼吸するものは存在する。存在するものはことごとくその内にある。それは粗大なものであり、同時に微細なものである。それは崇《あが》めらるべきかな。それは感覚器官の範囲を超えている。それは至高なるかな。汝、それに到達せよ！

それは自ら光り輝き、もっとも微細なものより微細であり、すべての世界とそこに住むすべてのものがその中にある――それこそは不滅のブラフマンである。それは生命の原理である。それは言葉であり、それは思考器官である。それは真実なる存在である。それは不死である。それに到達せよ、おおわが友よ、到達すべき唯一の目的に！

ウパニシャドという比類なき弓に、深い信仰という鋭い矢をつがえよ。さらにひたむきな精神と愛に溶けた心とをもってその矢を引きしぼり、標的——すなわち不滅のブラフマンを射よ。

オームは弓、矢は個我、そしてブラフマンは的《まと》である。心を静めてねらいを定めよ。それに深く没入せよ。ちょうど矢が的に没入するように。

それの中に、天と地と空間とは、思考器官およびすべての感覚器官とともに織り込まれている。それを、アートマンのみを知れ。無駄な饒舌をやめよ。彼は不滅の橋である。

心臓の蓮華の内奥にそれは棲み、車の輻《や》が甑《こしき》に集まっているように、神経はそこに集まっている。それをオームとして瞑想せよ。汝ら、闇の海をば、たやすく渡らんことを。

すべてを理解し、すべてを知り、その栄光が世界に満ちたこのアートマンは、ブラフマンの輝く王座である、心臓の蓮華の内部に棲んでいる。

心の清き者によってそれは知られる。アートマンは人の中、心臓の蓮華の内部に棲んでおり、彼の生命と彼の身体との主人である。瞑想の力で啓発された思考器官によって、賢い人々は、浄福に満ちた、不死なるアートマンを知る。

無知という心の結び目は解け、すべての疑いは解決し、すべての悪業は滅びる。人格であり、同時に非人格でもないそれを知った時。

心臓の光り輝く蓮華の内部に、情欲なく、部分なきブラフマンは棲んでいる。それは純粋であり、光の中の光である。アートマンを知る者がそれに到達する。

太陽もそれを照らさず、月も星も稲妻も、まことに、地上に燃える火さえも、それを照らさない。それはすべてのものに光を与える唯一の光である。それが輝いて、あらゆるものは輝く。

この不死のブラフマンは前方にあり、この不死のブラフマンは後方にあり、この不死のブラフマンは右にも左にも、上にも下にもひろがっている。まことに、あらゆるものはブラフマンである。そしてブラフマンは至高である。

黄金の羽根を持つ、いつも一緒にいる二羽の小鳥のように、個我と不滅のアートマンとは、同一の樹木の枝にとまっている。前者はその木の甘い果実や苦い果実を味わい、後者はそのいずれをも味わうことなく、静かに眺め見ている。

個我は、自分が聖なるアートマンと同一であることを忘れてあざむかれ、自我意識に惑わされて嘆き悲しむ。しかしかの尊い主が自分の真のアートマンであることを認識し、その栄光を見た者は、もはや嘆くことはない。

光り輝く一者、主、至高の存在を見る時、その時見る者は善と悪とを超越し、汚れから解き放たれて、彼と一体になる。

主は、あらゆる被造物から輝き出ている唯一の生命である。あらゆるもののなかに彼が存在するのを見るが故に、賢者は謙虚で、でしゃばるようなことをしない。彼の楽しみはアートマンにあり、彼の歓喜はアートマンにあり、彼はすべてのものの内なる主に仕える。まことに彼の如きが、真にブラフマンを知る人である。

この、心臓の蓮華の内部にある、光り輝くアートマンは、禁欲により、真実において不動であることにより、瞑想により、また意識を超えた洞察によって直観される。彼らの汚れは洗い去られて、賢者たちはそれを知る。

真実のみが成功し、真実でないものは成功しない。誠実さによって、幸運への道はひらかれる。その道とは、渇望から自由になった聖者の歩く道であり、彼らを真実の永遠の棲処《すみか》へと導く道である。

ブラフマンは至高である。それは自ら輝き、あらゆる思量を超えている。最も微細なるものよりも微細であり、最も遠いものよりも遠く、最も近いものよりも近い。それは生きとし生けるものの心臓の蓮華の内部に棲んでいる。

眼はそれを見ない。言葉はそれを語り得ない。感覚器官はそれに達し得ない。苦行によっても、供犠によっても、それに到達することはできない。識別によって心が純粋になった時、その時瞑想の中で、その非人格的アートマンは啓示される。

生きて呼吸する身体に宿っている微細なアートマンは、第二のものをもたない、あの純粋な意識の中で自覚される。――この意識によって心臓は鼓動し、感覚器官は各々の役目を果たすのである。

天界であろうと、天上の楽しみであろうと、欲望であろうと、欲望の対象であろうと、何ものについてであれ、賢者の心に浮かんだ考えは実現される。それゆえに、自分のためを思う人は、賢者をあがめ、崇拝することである。

すべてのものの支柱であり、全世界を内に含む、純粋な光り輝く存在であるブラフマンを、賢者は知っている。賢者を少しの利己心もなく崇拝する者は、生と死との境界を越える。

感覚器官の対象のことばかり考え、それらを熱望するようになった者は、自分の欲望に駆りたてられて、ここにかしこに、幾度も幾度も生まれる。しかしアートマンを知り、それによってあらゆる飢えを満たした者は、この生涯においてでも解脱を得る。

アートマンは、聖典の研究によっても、知性の鋭さによっても、学問を重ねることによっても、知ることはできない。ただ、切にそれを望む者によって、それは知られる。まことに、そのような人に、アートマンはその真の姿を見せるのである。

アートマンは、弱い者、思慮を欠く者、瞑想を正しく行わない者によって知られることはない。しかし、正しく瞑想する者、思慮深い者、強い者によって、それは完全に知られる。

アートマンを知って、賢者たちは喜びに満たされる。思考器官が平静である者、情欲を離れた者は幸いなるかな。一切に遍満するブラフマンを至る所に認め、その存在の熟慮に深く没入して、彼らはその中に、すなわち一切のアートマンの中に入る。

ヴェーダーンタの真理を完全に確信して認識し、放棄のヨーガに従うことによって、純粋な行為を確実にわが物として、これら偉大な人々は、この生にありながら不死を得る。そして死にあたって肉体が崩れ去る時、彼らは解脱を得る。

死が肉体を襲った時、純粋活力は万物の源泉に帰り、感覚器官はそれらの原因の中に溶け去り、業と個人の魂とは、ブラフマン、純粋にして不変なるものの中に消え去る。

川が海に流れ入って、名称と形態とを失うように、まさにそのように、賢者は名称と形態から解放されて、至高の存在、自ら光り輝くもの、無限なるものに到達する。

ブラフマンを知る者はブラフマンとなる。ブラフマンを知らぬ者は彼の家系には生まれない。彼はあらゆる悲しみを超える。彼は悪に打ち勝つ。無知の束縛を解かれて、彼は不死となる。

ブラフマンの真理を、そのおきてを守る者、それに全身全霊を捧げる者、および心の清らかな者にのみ教えよ。汚れた者には決して教えるな。

賢者たちに敬礼！　明知の人々に敬礼！

このブラフマンの真理は、古い昔、アンギラスによってシャウナカに教えられた。賢者たちに敬礼！　明知の人々に敬礼！

オーム　シャーンティ・シャーンティ・シャーンティ

第六章　マーンドゥーキヤ・ウパニシャド

〔エッセンス〕人間の生活は、覚醒状態と、夢眠状態と熟眠状態とに分けられる。しかしこれらの三つを超越しているのは、意識を超えた内的洞察――第四の状態と呼ばれる。

【祈願】

オーム
われらの耳によりて、われらに善きことを聴かしめたまえ。
われらの眼によりて、汝の正しさを見さしめたまえ。
汝を礼拝し奉るわれらに、身体の寂静と安寧とを見出さしめたまえ。
オーム　シャーンティ・シャーンティ・シャーンティ

不滅のブラフマンであるオームという音節は、全世界である。かつてあったものはことごとく、今あるものはことごとく、今後あるであろうものはことごとく、オームである。そして過去と現在と未来とを超越するものも、ことごとくまたオームである。

われわれが外に見るものすべてはブラフマンである。内にあるこのアートマンはブラフマンである。

オームと一体であるこのアートマンは、三つのすがたを持っている。そしてこれら三つを超越し、これらとは異なり、定義できない——第四のすがたを持っている。

アートマンの第一のすがたは、その物質的な状態における普遍的人格、被造物の集合的な象徴――ヴァイシュヴァーナラである。ヴァイシュヴァーナラは覚醒状態にあり、七つの部分を持っている。諸々の天界は彼の頭、太陽は彼の眼、風は彼の呼吸、火は彼の心臓、水は彼の腹、地は彼の足、そして天地の間の空間は彼の体である。彼は一九の認識器官を持っている。それは、五つの感覚器官、五つの行為器官、五種類の気息［プラーナ］、そして、思考器官と知性と心と自我意識とである。彼は感覚器官からよろこびを受け取って、それを享受する者である。

アートマンの第二のすがたは、その精神的な状態における普遍的人格――タイジャサである。タイジャサは七つの部分と一九の認識器官とを持っている。彼は夢眠状態にある。そして自分の夢のみを認識している。この状態にあって彼は、自分の過去の行為が思考器官に残した微細な印象を享受する者である。

アートマンの第三のすがたは、熟眠状態における普遍的人格――プラージュニャである。プラージュニャは夢を見ず、欲望を持たない。夜の闇が昼をおおい、見えていた世界が消え去ったかに見えるように、熟眠状態では、無意識のとばりがその人の思考と知識とを包み、彼の思考器官における微細な印象は消えたように見える。あらそいも不安も経験しないのだから、彼は至福に満ちており、至福の経験者である、と言われる。

プラージュニャはすべてのものの主である。彼はすべてのものを知っている。彼はすべてのものの心臓に棲む。彼はすべてのもののはじめである。彼はすべてのもののおわりである［1］。

第四のすがたは、賢者の言うところによれば、主観的な経験でもなく、客観的な経験でもなく、両者の中間の経験でもない。またそれは、意識でも無意識でもないような否定的な状態でもない。それは感覚器官から得られた知識でもなく、相対的な知識でもなく、ましてや推論から得られた知識でもない。感覚を超え、理解を超え、表現を絶したもの、それが第四のすがたである。それは純粋で一元的な意識であり、その中では世界と多様性との意識は完全に消え去っている。それは筆舌《ひつぜつ》には尽くせない平安である。それは至高の善である。第二のものなき一者である。それはアートマンである。それのみを知れ！

すべての言葉を超えたこのアートマンは、オームという音節である。この音節は分割できないが、三つの文字――すなわち、ア・ウ・ムから成っている。

ヴァイシュヴァーナラ、すなわちその物質的な状態における普遍的人格としてのアートマンは、第一の文字――アにあたる。ヴァイシュヴァーナラを知る者は誰であれ、欲するもののを得て、人々の中の第一人者となる。

タイジャサ、すなわちその精神的な状態における普遍的人格としてのアートマンは、第二の文字――ウにあたる。タイジャサと、ウという文字とは共に、覚醒と眠りとの中間である、夢を見ている状態にある。タイジャサを知る者は誰であれ、智慧を増し、非常に尊敬される。

プラージュニャ、すなわち熟眠状態における普遍的人格としてのアートマンは、第三の文字――ムにあたる。それはすべてのもののはじめであり、すべてのもののおわりである。プラージュニャを知る者は誰であれ、すべてのものを知るのである。

第四のもの、すなわちアートマンは、オーム、不可分の音節である。この音節は口に出すことはできない。そして思考器官を超越している。そこにおいて、この多様な全世界は消え失せる。それは、最高の善である。第二のものを持たぬ一者である。オーム、すなわちアートマンを知る者は誰であれ、アートマンになる。

[1] プラージュニャは、イーシュヴァラ、すなわち神における人格的側面として知られている。夢も見ぬ眠りは、無知である。この無知の中に、意識の三つの状態全てが存在する。覚醒状態、夢眠状態、および熟眠状態である。

イーシュヴァラは、厳密には、マーヤー、すなわち普遍的無知と結合したブラフマンである。そして個々人とは、個々の無知と結合したブラフマンである。神と人とが異なるのは、神は無知を支配するが、人は無知に支配される、という点である。

第七章　タイッティリーヤ・ウパニシャド

〔エッセンス〕　人は、無知の故に、彼の真のアートマンを取り囲む肉体のさやを自分自身だと思い込んでいる。それらを超えたとき、彼は、真の至福であるブラフマンと一つになる。

〔祈願〕

オーム
ミトラよ、われらに平安を与えたまえ！
ヴァルナよ、われらに平安を与えたまえ！
アリヤマンよ、われらに平安を与えたまえ！
インドラとブリハスパティよ、われらに平安を与えたまえ！
遍在するヴィシュヌよ、われらに平安を与えたまえ！
ブラフマンに栄光あれ！
汝、あらゆる力の源に栄光あれ！

あなたこそ、まことに、顕現したブラフマンです。あなたについて、私は語りましょう。私の思考において、私はあなたを真なるものと宣言します。私の唇において、私はあなたを真なるものと宣言します。

真理が私を守りますように、私の師を守りますように、われら二人を守りますように。ブラフマンの光が、われら二人の内に輝きますように。

あなたこそ、すべての聖典にあるオームという音節——至高の音節、あらゆる音の母——と一体であるブラフマンです。私を真の智慧をもって強くしてください。おお主よ、私が不死なるものを真に理解しますように。私の体が強くすこやかに、私の言葉が快くなりますように。私の耳に、あなたを讃える言葉だけを聞かせてください。オームという音節はまことにあなたの御姿です。この音節を通してあなたに到達させてください。あなたは知性による理解を超えています。私が聖典で学んだところを忘れることのないよう、どうぞ守ってください。

あなたはすべての幸福と繁栄の源泉です。繁栄の女神として私の前に御姿を現わし、その祝福を雨と注いでください。

あなたの御言葉を教えることができるよう、真理を求める人々が私の周りに集まりますように、あらゆる所から集まりますように。

私が人々の中で栄誉となりますように。最も富める者よりも富める者となりますように。私をあなたの内に入らせてください、おお主よ。そして私の前に御自身を示してください。あなたがほんの少し触れてくださることで、私は清められます。おお、幾千の姿を持つ主よ。

あなたは、あなたに自らを捧げきる者たちの避難所です。あなたの御姿を示してください。私をあなたのものとしてください。私はあなたに身を寄せます。

あなたは不死なる、光り輝く主、金色の輝きを放ち、あらゆるものの心臓の蓮華に宿りたもう。あなたを求める者たちの心の内に、あなたは示されます。

あなたの内に住む者は、おのれを治める王となります。彼は、散乱する自身の思考を支配します。彼は自身の言葉とすべての感覚器官との主人となります。彼は自身の知性の主人となります。

あなたはブラフマン、その御姿は空のように不可視で、そのアートマンは真実です。あなたは完全なる平安と不滅、人生のなぐさめ、心のよろこびです。あなたを礼拝せしめたまえ！

オームはブラフマンです。オームは一切です。オームを瞑想する者はブラフマンに到達します。

ブラフマンに到達した後、ある賢者はこのように言明しました。「私は生命である。私の栄光は山の孤峰《こほう》のようである。私はブラフマンの清らかさの内に安住している。私はアートマンの自由を獲得した。私はブラフマン、自ら輝く、最高の宝である。私は智慧を授かった。

私は不死で、不滅のものである」

オーム　シャーンティ・シャーンティ・シャーンティ

［ある在俗の学徒へ］

あなたの処世の態度は、聖典の学習や教授などを含む正しい行い、誠実な言葉と行動と思考、克己《こっき》と禁欲の実践、中庸と自制、快活な心と執着のない精神とをもって行われる日々の義務――これらによって形づくられるようにせよ。

真実を語れ。義務を遂行せよ。聖典の勉強をおろそかにするな。子孫を絶やすな。真理からはずれてはならない。善き道を踏み外してはならない。偉大なるものを敬え。

母をあなたの神とせよ。父をあなたの神とせよ。師をあなたの神とせよ。訪れる客をあなたの神とせよ。潔白な行いのみをなせ。偉大な人に対しては常に尊敬の念を示せ。

人に与えるものは何であれ、愛と敬意をもって与えよ。贈り物は常に豊かに、喜びと謙譲とあたたかい心とをもって与えられなければならない。

正しい行いに関して何か疑いが生じるようなことがあればいつでも、正直で、適正な判断力を持ち、真理に身を捧げている偉大な人々の方法を真似よ。

このようにして常に、自らを導け。これが命令であり、これが教えであり、そしてこれが聖典の戒めである。

ブラフマンを知る者は至高の目的に到達する。ブラフマンは不変の真実なる存在であり、純粋な知識であり、そして無限である。ブラフマンは心臓の蓮華の内に宿る、ということを知る者は、ブラフマンと一つになって、あらゆる祝福を享受する。

アートマンであるところのブラフマンから空が生じた。空から風が、風から火が、火から水が、水から地が、地から植物が、植物から食物が、食物から人間の体ができた。食物の要素によって構成されている人間の体は、アートマンを包む物質のさやである。

食物からあらゆる生き物は生まれ、食物によって生き、死後は食物に帰る。食物はすべての物のかしらである。それゆえ、食物はあらゆる肉体の病気に対する薬であると言われている。食物をブラフマンとして礼拝する者は、あらゆる物質的な目的を獲得する。食物からすべての生き物は生まれ、生まれてからは食物によって大きくなる。すべての生き物は食物によって生き、そして生き物が死ぬと、食物がそれによって育つ。

肉体のさやとは別に、気息のさやが存在する(一)。これは肉体のさやに包まれていて、それと同じ形をしている。これによって、感覚はそれぞれの機能を果たす。動物も人間も、自らの生命をこれから引き出す。これが、すべての生き物の寿命を決めるのである。気息のさやをブラフマンとして礼拝する者は寿命をまっとうする。このさやは、肉体のさやにとって、まさに形をもった本質である。

気息のさやとは別に、思考器官のさやが存在する。これは気息のさやに包まれていて、それと同じ形をしている。

言葉はブラフマンの歓喜を表現することができず、思考器官はそれにたどりつくことができない。それを知る聖者は、恐怖から解放される。

思考器官のさやは、気息のさやにとって、まさに形をもった本質である。

思考器官のさやとは別に、知性のさやが存在する。これは思考器官のさやに包まれていて、それと同じ形をしている。

供犠にしてもその他の行為にしても、すべての行為は知性によって行われる。すべての感覚は知性のさやに敬意を払う。知性をブラフマンとして瞑想する者は、罪を犯すことがない。彼は自らを他のさやと同一視せず、また肉体の情欲に屈しない。

知性のさやとは別に、自我意識のさやが存在する。このさやは知性のさやに包まれていて、それと同じ形をしている。

すべてのさやを超越して、アートマンが存在する。

ブラフマンを非存在であると考える者の生涯は虚しく、無益なものとなる。ブラフマンを存在するものであると知る者のみが、真に生きるのである。

まことに、死の時に、愚かな者はブラフマンに到達しない。賢い者のみが到達する。

自らが多となることを欲し、自らが多くの形となることを欲して、ブラフマンは瞑想した。瞑想し、それは万物を創造した。

万物を創造し、ブラフマンはそれらの一つ一つの中に入った。万物の中に入り、それは形あるもの、および形なきものとなった。それは限定され得るもの、および限定され得ないものとなった。それは依存するもの、および独存《どくそん》するものとなった。それは意識あるもの、および意識なきものとなった。それは粗大なもの、および微細なものとなった。それはありとあらゆるものとなった。それゆえ、賢者はそれを存在するもの、と呼ぶのである。

その真理に関して、次のように書かれている。「創造の前には、ブラフマンは未顕現のものとして存在していた。未顕現のものから、それは顕現したものを創り出した。それは、自分自身から自分自身を生み出したのである。それゆえにブラフマンは、自存するものとして知られる」

自存するものは、あらゆる至福の本体である。この至福のアートマンが心臓の蓮華に棲んでいなかったなら、誰が生きることができようか、また誰が呼吸することができようか。歓喜を与えるのはそれである。

人がアートマン――生命の基、感覚を超えたもの、形無きもの、表現できないもの、あらゆる属性を超えたもの――の中に、自身の存在と一体性とを見出すとき、そのときにはじめて、人は恐怖を超越する。アートマンとの間にほんの少しでもへだたりを感じている間は、恐怖がある。しかし自身がブラフマンであることを知らない者にとっては、すべての恐怖を取り去るブラフマンが恐怖そのものであるかのように見える。

その真理に関して、次のように書かれている。「ブラフマンへの畏《おそ》れの故に、風は吹き、太陽は輝く。ブラフマンへの畏れの故に、雨の神インドラ、火の神アグニ、および死の神ヤマは、各々の務めを果たす」

もしこの至福のアートマンが心臓の蓮華に棲んでいなかったなら、誰が生きることができようか、また誰が呼吸することができようか。歓喜を与えるのはそれである。

この歓喜はどのような性質のものであるか。

生まれが良く、博学で、知恵に優れ、屈強で、健康で、世界の富がその掌中にあるような若者の運命を考えてみよ。若者は幸福であると仮定し、彼の歓喜を一つの単位として量れ。その歓喜の一〇〇倍が、ガンダルヴァたちの歓喜の一単位である。しかし、アートマンの啓示を得て欲望を離れた聖者の歓喜は、ガンダルヴァたちの歓喜に勝るとも劣らない［1］。

ガンダルヴァたちの歓喜の一〇〇倍が、天上のガンダルヴァたちの歓喜の一単位である。しかし、アートマンの啓示を得て欲望を離れた賢者の歓喜は、天上のガンダルヴァたちの歓喜に勝るとも劣らない。

天上のガンダルヴァたちの歓喜の一〇〇倍が、天界に棲むピトリ［祖霊］たちの歓喜の一単位である。しかし、アートマンの啓示を得て欲望を離れた賢者の歓喜は、天界に棲むピトリたちの歓喜に勝るとも劣らない。

天界に棲むピトリたちの歓喜の一〇〇倍が、デーヴァ［神］たちの歓喜の一単位である。しかし、アートマンの啓示を得て欲望を離れた賢者の歓喜は、デーヴァたちの歓喜に勝るとも劣らない。

デーヴァたちの歓喜の一〇〇倍が、カルマデーヴァ［祭式を通して神となった者］たちの歓喜の一単位である。しかし、アートマンの啓示を得て欲望を離れた賢者の歓喜は、カルマデーヴァたちの歓喜に勝るとも劣らない。

カルマデーヴァたちの歓喜の一〇〇倍が、支配者たるデーヴァたちの歓喜の一単位である。しかし、アートマンの啓示を得て欲望を離れた賢者の歓喜は、支配者たるデーヴァたちの歓喜に勝るとも劣らない。

支配者たるデーヴァたちの歓喜の一〇〇倍が、インドラの歓喜の一単位である。しかし、アートマンの啓示を得て欲望を離れた賢者の歓喜は、インドラの歓喜に勝るとも劣らない。

インドラの歓喜の一〇〇倍が、ブリハスパティの歓喜の一単位である。しかし、アートマンの啓示を得て欲望を離れた賢者の歓喜は、ブリハスパティの歓喜に勝るとも劣らない。

ブリハスパティの歓喜の一〇〇倍が、プラジャーパティの歓喜の一単位である。しかし、アートマンの啓示を得て欲望を離れた賢者の歓喜は、プラジャーパティの歓喜に勝るとも劣らない。

プラジャーパティの歓喜の一〇〇倍が、ブラフマーの歓喜の一単位である。しかし、アートマンの啓示を得て欲望を離れた賢者の歓喜は、ブラフマーの歓喜に勝るとも劣らない。

人間の内にあってそのアートマンであるところのものと、太陽の内にあってそのアートマンであるところのものとは一つである。まことに、この真理を知る者は、世界を征服する。

彼は肉体のさやを超越し、気息のさやを超越し、思考器官のさやを超越し、知性のさやを超越し、自我意識のさやを超越する。

次のように書かれている。「言葉も表現し得ず、思考器官も至り得ぬブラフマンの歓喜を知る者は、恐怖から解放される。そのような人は、『どうして私は正しいことをしなかったのだろう。どうして私は悪いことをしてしまったのだろう』というような思いに苦しめられることはない。ブラフマンの歓喜を知る者は、善と悪の両者を知りつつ、その両者を超越する」

オーム
ブラフマンよ、われらを守りたまえ、
われらを導きたまえ、
われらに強さと正しき理解とを授けたまえ。
愛と調和とが、われら一同とともにあらんことを。

ブリグは、父であるヴァルナにうやうやしく近づいて言った。「父上、私にブラフマンをお教えください」ヴァルナは、肉体のさやと、気息のさやと、感覚のはたらきについて説明して、次のようにつけ加えた。「すべての生き物がそれから生まれ、生まれるとそれの中で生き、死の時にはそれへと帰っていくところのもの――それを知るようつとめよ。それがブラフマンである」

ブリグは禁欲と瞑想とを実践した。そして、彼には食物がブラフマンであると思われた。なぜなら、食物からあらゆるものは生まれ、生まれると食物によって維持され、死後は食物へと帰入《きにゅう》するからである。

この知識は、しかし彼を満足させなかった。彼は再び父、ヴァルナに近づいて言った。「父上、私にブラフマンをお教えください」

ヴァルナは答えた。「瞑想によってブラフマンを知るようつとめよ。瞑想はブラフマンである」

ブリグは瞑想を実践して、純粋活力がブラフマンであることを知った。なぜなら、純粋活力からすべてのものは生まれ、生まれると純粋活力によって維持され、死後は純粋活力へと帰入するからである。

しかしブリグは、自分のこの知識に対して未だ確信が持てなかった。そこで彼は再び父に近づいて言った。「父上、私にブラフマンをお教えください」ヴァルナは答えた。「瞑想によってブラフマンを知るようつとめよ。瞑想はブラフマンである」

ブリグは瞑想を実践して、思考器官がブラフマンであることを知った。なぜなら、思考器官からすべてのものは生まれ、生まれると思考器官によって維持され、死後は思考器官へと帰入するからである。

だが未だ疑いを捨て切れず、彼は父に近づいて言った。「父上、私にブラフマンをお教えください」彼の父は答えた。「瞑想によってブラフマンを知るようつとめよ。瞑想はブラフマンである」

ブリグは瞑想を実践して、知性がブラフマンであることを知った。なぜなら、知性からすべてのものは生まれ、生まれると知性によって維持され、死後は知性へと帰入するからである。

それでもまだ満足せず、自分の理解したことを疑いながら、ブリグは父に近づいて言った。「父上、私にブラフマンをお教えください」ヴァルナは答えた。「瞑想によってブラフマンを知るようつとめよ。瞑想はブラフマンである」

ブリグは瞑想を実践して、歓喜がブラフマンであることを知った。なぜなら、歓喜からすべてのものは生まれ、生まれると歓喜によって維持され、死後は歓喜へと帰入するからである。

これが、ブリグがヴァルナに教えられて、彼の心の内に習得した智慧である。

この智慧を得たものは栄光を手に入れ、富める者となり、健康と名声とを享受する。

ブラフマンはあらゆる思考と生命と行為の源として瞑想されるべきものである。彼は富における豪華さであり、星における光である。彼は一切である。

人をして、ブラフマンを支えとして瞑想せしめよ。然《しか》らば彼は支えられるであろう。彼をして、ブラフマンを偉大さとして瞑想せしめよ。然らば彼は偉大になるであろう。彼をして、ブラフマンを思考器官として瞑想せしめよ。然らば彼は知的な能力を授かるであろう。彼をして、ブラフマンを熱烈な崇拝として瞑想せしめよ。然らば彼は崇拝されるであろう。彼をして、ブラフマンをブラフマンとして礼拝せしめよ。然らば彼はブラフマンとなるであろう。

人間の内にあってそのアートマンであるところのものと、太陽の内にあってそのアートマンであるところのものとは一つである。

私がそのアートマンである！　私は不死の生命である！　私は世界を征服する――黄金の輝きを授けられた私は！　私を知る者は、真実の存在に到達する。

オーム　シャーンティ・シャーンティ・シャーンティ

［1］ガンダルヴァ、ピトリ、デーヴァ等は、人間より高い段階の存在である。諸ウパニシャドによれば、様々な存在の住む多くの世界があちこちにあり、この宇宙を形成している。

［一］ここでいう気息とは、生命の源となる純粋活力のことである。

第八章　アイタレーヤ・ウパニシャド

［エッセンス］　宇宙の根源であり、維持であり、そして終極であるブラフマンは、存在のあらゆる局面に随伴する。それは、覚醒状態にある人とともに目を覚ましており、夢眠状態にある人とともに夢を見ており、熟眠状態にある人とともに深く眠っている。しかしそれは、それ自身となるために、これら三つの状態を超越する。それの真の性質は純粋な意識である。

〔祈願〕

わがことば、わがおもいと一つならんことを、
またわがおもい、わがことばと一つならんことを。
おお汝、自ら輝くブラフマンよ、
　わが前より無知のとばりを取り去りたまえ、
さればわれ、汝の光を見ん。
願わくは、われに聖典のこころを示したまえ。
聖典の真理を、とこしえにわが現前に在らしめたまえ。
われをして、賢者より学びしことを実現すべく、
　昼も夜もつとめさせたまえ。
われをして、ブラフマンの真理を語らしめたまえ。
われをして、真理を語らしめたまえ。
真理をして、われを守らしめたまえ。
真理をして、わが師を守らしめたまえ。
オーム　シャーンティ・シャーンティ・シャーンティ

創造以前は、存在するすべてのものはアートマンであった。アートマンのみであった。その他には何ものもなかった。アートマンは考えた。「世界を創出しよう」

アートマンはこれらもろもろの世界を創出した。アンバス、すなわち天空の上にあって、それに支えられている最高の世界、マリーチ、すなわち天空、マラ、すなわち死すべき徒《やから》の世界、およびアーパ、すなわち地下の世界である。

アートマンは考えた。「もろもろの世界を見よ。今度はそれらの守護者たちを創り出そう」そしてそれは守護者たちを創出した。

アートマンは考えた。「これらの世界とその守護者たちとを見よ。守護者たちのために食物を創り出そう」そこでそれは、守護者たちのための食物を創り出した。

アートマンは考えた。「守護者たちが居り、しかも自分が彼らと何のかかわりも持たないなどということがあり得ようか」

「もし私なしで言葉が話され、息が吸われ、眼が見、耳が聞き、肌が感じ、思考器官が思考し、性器が子孫を作るとしたら、それなら私は何であるのか？」

アートマンは考えた。「守護者たちの中に入ろう」そこで彼らの頭蓋骨の真ん中を開いて、それは守護者たちの中に入った。アートマンの入った入り口は、至福の入り口と呼ばれる［1］。

アートマンが知られずにいる限り、個我の三つの状態――覚醒状態、夢眠状態、および熟眠状態は、すべて夢に過ぎない。これらの各々の状態の中に、アートマンは宿っている。われわれが目覚めている時は、眼がアートマンの棲処《すみか》であり、われわれが夢を見ている時は、思考器官がアートマンの棲処であり、夢も見ずに深く眠っている時は、心臓の蓮華がアートマンの棲処である。

守護者たちの中に入った後、アートマンは、自分を彼らと同一視した。アートマンは無数の個々の生き物となった。それゆえ、今や、もし個人が、覚醒状態、夢眠状態、および熟眠状態という、三種の夢から覚めるなら、彼はアートマンの他に何ものも見ないのである。彼は、自分の心臓の蓮華に棲むアートマンを、遍在するブラフマンとして見、次のように断言する。

「われ、ブラフマンを知る！〔2〕」

われわれが礼拝せんと欲するこのアートマンは、何ものであるのか？　このアートマンは、いかなる性質のものであるのか？

アートマンは、それによってわれわれが物の形を見、音を聞き、においを嗅ぎ、言葉を話し、甘いもの、あるいは苦いものを味わう、その自己であろうか？

アートマンは、それによってわれわれが知覚し、命令し、識別し、知り、考え、記憶し、望み、感じ、欲し、呼吸し、愛し、またその他の同様の活動をする、心と思考器官であろうか？

　否、これらは純粋な意識であるアートマンの、単なる附属物である。そしてこの、純粋な意識であるアートマンは、ブラフマンである。それは神である。すべての神々である。地、水、火、風、および空という五元素である。あらゆる生き物、すなわち、大きなものあるいは小さなもの、卵生のもの、胎生のもの、熱から生まれるもの、地から生まれるものである。馬であり、牛であり、人であり、象であり、鳥である。呼吸するすべてのものであり、歩く生き物であり、また歩かぬ生き物である。これらすべてのものの背後にある真実の存在は、純粋な意識であるブラフマンである。

　賢者ヴァーマデーヴァは、ブラフマンが純粋な意識であることを如実に知って、この世を去り、天に昇り、彼の願うところすべてを得、そして不死に到達した。


［１］賢者たちは、専門的にはサハスラーラ、すなわち千弁の蓮華として知られている、霊的な意識の最高の中心であるこの至福の入り口は、脳の中央部に位置していると言明する。ヨーガ行者の精神が瞑想に没入して、この中央部に到達する時、彼は自分とブラフマンとの同一性を自覚するのである。

［2］『マーンドゥーキャ・ウパニシャド』は、この経験を、三つの状態を超越した、これらとは本質的に異なる「第四の状態」として明示している。

第九章　チャーンドーギヤ・ウパニシャド

［エッセンス］ブラフマンは一切である。ブラフマンから、現象、感覚、欲望、行為が発生する。しかし、これらすべては単なる名称と形態にすぎない。ブラフマンを知るために、人は自分自身と、アートマン、すなわち心臓の蓮華に棲むブラフマンとが同一であることを経験によって知らなくてはならない。そうすることによってのみ、人は悲嘆と死から逃れ、あらゆる知識を超えた微細な存在と一つになることができる。

【祈願】

寂静が、私の四肢に、言葉に、気息に、眼に、耳に下りてきますように。
私のすべての感覚が、明澄《めいちょう》で力強くなりますように。
ブラフマンが、自身を私に見せてくださいますように。
私がけっしてブラフマンを否定せず、またブラフマンが私を否定しませんように。
私はブラフマンとともにあり、ブラフマンは私とともにある——
　私たちがつねにともにありますように。
ウパニシャドの聖なる真理が、
ブラフマンに深く帰依する私に啓示されますように。
オーム　シャーンティ・シャーンティ・シャーンティ。

必要とされる義務［ダルマ］は三つである。一つ目は、供犠と学習と布施である。二つ目は苦行である。三つ目は、師の家で弟子として生活し、自制を実践することである。これら三つは、同時に人を祝福の境地に導く。しかし、ブラフマンの知識においてしっかりと確立した者は不死を得る。

諸々の天界の上に、またこの世界の上に輝く光、最高の世界において輝く光、それを超えるものは何もない――それはすなわち、人々の心の内に輝く光である。

実にこの宇宙はブラフマンから発生した。ブラフマンの内にこの宇宙は存在する。確かに、一切はブラフマンである。激情という害悪から自由になった者に、ブラフマンのみを瞑想せしめよ。

人は、何よりもまずその意志である。人はこの人生を終える時、彼がそこで意志したように、まさにそのようになる。それゆえ、人の意志は、ブラフマンに到達することに定められるべきである。

アートマンは、清められた思考器官と無知から解放された意識によって理解されるべきものであり、その形態は光であり、その思考は真実である。アートマンは、空のように、純粋で執着なきものである。あらゆる活動、あらゆる欲望、あらゆる香り、あらゆる味は、アートマンから発生する。アートマンは一切に遍満し、感覚を超えており、そしてその内には喜びが永遠に満ちている――それこそが、まさに私の心臓の蓮華に棲むアートマンである。

アートマンは米粒よりも小さく、麦粒よりも小さく、芥子粒よりも小さく、黍《きび》の粒よりも小さく、それどころか、黍の粒の核よりも小さい。しかし一方で、私の心臓の蓮華に棲むアートマンは、大地よりも大きく、諸々の天界よりも大きく、それどころか、一切の世界よりも大きい。

あらゆる活動、あらゆる欲望、あらゆる香り、あらゆる味は、それから発生する。それは一切に遍満し、感覚を超えており、そしてその内には喜びが永遠に満ちている――それは、心臓に秘められたアートマンであり、そしてまさにブラフマンである。私の心臓の蓮華に棲むアートマンを崇拝する私は、死の時にそれに到達するだろう。アートマンを崇拝し、アートマンに信を置く人は、必ずやそれに到達するだろう。

聖者シャーンディリヤは言った。死の瞬間、ブラフマンを知る者は次の真理を瞑想するべきである。

汝は不滅である。
汝は不変の真実なる存在である。
汝は生命の源である。

この至高の知識、すなわちブラフマンの知識を飲み乾せば、人はけっして渇きをおぼえることはない。この知識は、ゴーラ・アンギラサが、デーヴァキーの息子であるクリシュナに教えた。

ある日、少年サティヤカーマは彼の母のもとにおもむいて言った。「お母さん、私は聖典を学ぶ学生になりたいと思います。私の家名を教えてください」

「息子よ」と、彼の母は答えた。「私は知らないのです。若かりし時、私は召使であり、多くの場所で働きました。私はあなたの父が誰であったのか知りません。私はジャーバーラーです。そしてあなたはサティヤカーマです。あなたはサティヤカーマ・ジャーバーラと名のりなさい」

そこでさっそく、少年はガウタマのもとへおもむき、弟子にしてくれるよう願い出た。「お前はどの家系に属しているのかね？　少年よ」と、賢者は尋ねた。

サティヤカーマは答えた。「私は母に私の家名は何であるのかを尋ねました。母は答えました。『私は知らないのです。若かりし時、私は召使であり、多くの場所で働きました。私はあなたの父が誰であったのか知りません。私はジャーバーラーです。そしてあなたはサティヤカーマです。あなたはサティヤカーマ・ジャーバーラと名のりなさい！』と。ですから、私はサティヤカーマ・ジャーバーラです、師よ」

そこで賢者は言った。「真のブラーミンのみがそのように語るのだ。薪を取ってきなさい、私はお前を教えよう。お前は真実からそれてはいない」

サティヤカーマの入門を許してから、賢者は彼に痩せ細って病弱な四〇〇頭の牛を与えて言った、「これらの面倒をよく見なさい、少年よ」と。少年はすぐにそれらの牛を森に連れて行き、それらが一〇〇〇頭を数えるまではけっして戻らないと誓った。彼は森に何年も滞在し、そしてその牛が一〇〇〇頭にまで増えた時、その群れの中の雄牛が彼に近づいて言った。「サティヤカーマよ、私たちは一〇〇〇頭の群れになりました。今すぐ、私たちをあなたの師の家に連れて行きなさい。そして、私はあなたにブラフマンの足の一つを教えましょう」

「話してください」と、サティヤカーマは言った。

そこで雄牛は言った。「東方は主の一部です、そして西方もです。南方は主の一部です、そして北方もです。四つの重要な方角はブラフマンの足［一］の一つを形作っています。火が、あなたに他の足を教えるでしょう」

明くる日、サティヤカーマは旅に出た。夕方近く、彼は火をおこし、礼拝するために東を向いて坐した時、火から声を聞いた。声は言った、「サティヤカーマよ、私はあなたにブラフマンの足の一つを教えましょう。この大地はブラフマンの一部です、天空と、天地の間の空間もまた、ブラフマンの一部です。海はブラフマンの一部です。これらすべてはブラフマンの足の一つを形作っています。白鳥が、あなたに他の足を教えるでしょう」と。

サティヤカーマは旅を続けた。次の日の夕方、彼が火をおこして礼拝するために東を向いて坐した時、一羽の白鳥が彼のもとに飛んできて言った。「私はあなたにブラフマンの足の一つを教えるために来ました。あなたの眼前におこされた火は、サティヤカーマよ、ブラフマンの一部です。月も、また雷も、ブラフマンの一部です。これらすべてはブラフマンの足の一つを形作っています。水鳥が、あなたに他の足を教えるでしょう」

次の日の夕方、サティヤカーマが火をおこし、礼拝するために東を向いて坐した時、水鳥が彼に近寄ってきて言った。「私はあなたにブラフマンの足の一つを教えましょう。気息はブラフマンの一部です。視覚はブラフマンの一部です。聴覚はブラフマンの一部です。思考器官はブラフマンの一部です。これらすべてはブラフマンの足の一つを形作っています」

ついにこの若者は彼の師の家にたどり着き、うやうやしく師の前に姿を見せた。ガウタマは彼を見るなり叫んだ。「息子よ、お前の顔はブラフマンを知る者のように輝いている。お前は誰に教えられたのかね？」

「人間とは異なる存在からです」と、サティヤカーマは答えた。「しかし、私はあなたからも教えを受けたいと切に願っています。なぜなら、グルが与えた知識のみが最高の善へ導くと、かつて賢者から聞いたからです」

そこでかの賢者は、その知識を彼に余すところなく伝えた。

ウパコーサラは、サティヤカーマの家に一二年間弟子として住んでいた。師は他の弟子たちに十分に真実の道を教えた後、彼らを家に帰したが、ウパコーサラは去ることを許されなかった。サティヤカーマの妻は夫に、彼が他の者と同じように家に帰ることができるよう、彼を教えることを終えてくれるように懇願したが、サティヤカーマはそれを拒絶しただけでなく、旅に出てしまった。そこでウパコーサラは非常に悲しみ、心から苦しんだので、食べ物が喉を通らなかった。師の妻は彼にせっせと食事をすすめ、すべてにおいて彼に愛情をもって接したが、無駄であった。ついにこの少年は、涙を流して彼女に叫んだ。「お母さん、私の心は未だにとても汚れています。私は不幸のあまり食べることもできません！」

その時、彼が真向《まむ》かっていた火から声が聞こえた。「この気息はブラフマンである。天空はブラフマンである。至福はブラフマンである。汝、ブラフマンを知れ！」

「私は気息がブラフマンであることを知っています」と、ウパコーサラは答えた。「しかし、天空がブラフマンである、あるいは至福がブラフマンであるとは、私は知りません」

再び、火から声が聞こえた。今度は、天空とはブラフマンがそこに棲む心臓の蓮華を意味することに関して、そして至福とはブラフマンの至福を意味することに関して説明した。「両者とも」と、その声は言った。「ブラフマンをあらわすのである」そして、続けて、その声はウパコーサラに次のように教えた。

「汝が礼拝する大地、食物、火、太陽――これらすべてが、ブラフマンを形作っている。太陽の内に見られるもの――私はその一者である。東に棲むもの、北に棲むもの、西に棲むもの、南に棲むもの、そして月に棲むもの、星々に棲むもの、水に棲むもの――私はその一者である。天空に棲み、雷をとどろかすもの――私はまた、その一者でもある。この世界はけっしてお前を傷つけることはないという、その真実の性質をよく知れ」

その結果、供犠の準備をするための世俗的な火にすぎなかったその火は、新たな様相をとり、主そのものとなった。大地は姿を変えた。気息は姿を変えた。太陽、月、星々、雷――すべては姿を変え、神となった。したがって、それこそが、ウパコーサラに示された一切の真実の性質であった。

しかるべき時に、サティヤカーマは家に帰ってきた。彼がウパコーサラを見た時、彼は言った。「息子よ、お前の顔はブラフマンを知る者のように輝いている。誰がお前に教えたのかね？」

「人間とは異なる存在です」と、ウパコーサラは答えた。

そこでサティヤカーマは言った。「息子よ、お前が学んだことは真実である。私が今、お前に教えることもまた真実である。見よ、それを知る者には、いかなる悪も付着することはない。あたかも、蓮の葉には一滴の水も付着しないように」

「お前の目の深奥で光るもの――それはブラフマンである。それはお前自身のアートマンである。それは美しき一者、光輝く一者である。一切の世界において、それは未来永劫《みらいえいごう》、輝き続ける！」

シュヴェータケートゥが一二歳の時、彼の父であるウッダーラカは彼に言った。「シュヴェータケートゥよ、お前は今まさに、師の元に行って学習しなければならない。わが家の家系に連なるものに、ブラフマンについて無知なる者はいないのだよ、わが子よ」と。

さっそく、シュヴェータケートゥは師の元へ赴き、一二年間学問に励んだ。すべてのヴェーダを記憶することに専念した後、彼は自分の学んだことに対する自信に満ち溢れて家に帰った。

彼の父は、この若者の慢心に気づいて、彼に言った。「シュヴェータケートゥよ、お前は、それによってわれわれが聞くことのできぬものを聞き、それによってわれわれが知覚することのできぬものを知覚し、それによってわれわれが知ることのできぬものを知る、そのような知識について尋ねたかね？」

「その知識とは何ですか、父上？」と、シュヴェータケートゥは尋ねた。

「息子よ、一塊《いっかい》の粘土を知ることによって、粘土で作られたあらゆる物が知られるように、異なるのは名称のみであり、それは言葉から発生するのであって、真実はすべてが粘土である、ということである。また、一つの金塊を知ることによって、金で作られたあらゆる物が知られるように、異なるのは名称のみであり、それは言葉から発生するのであって、真実はすべてが金である、ということである――まさにそのように、その知識は、それを知ることによって、われわれが一切を知るところのものである」

「しかし、あれらの尊敬すべき私の師たちは、間違いなくその知識を知りませんでした。

なぜなら、もし彼らがその知識を持っていたならば、彼らは私にそれを教えたに違いないからです。ですから、父上、その知識を私にお与えください」

「そうしよう」と、ウッダーラカは言って、次のように続けた。

「原初、そこには存在［有］のみがあった。唯一であり、第二のものはなかった。ある人は『原初、そこには非存在［無］のみがあった。そしてその非存在［無］から宇宙が誕生した』という。しかし、どうしてそのようなことが可能であろうか？ どうして存在［有］が非存在［無］から生まれることができようか？ できはしない、わが子よ、原初、そこには存在［有］のみがあった――唯一であり、第二のものはなかった。その一者は、心の中に思った。『私は多となろう。私は自身を放出しよう』と。そこで、それは自身から宇宙を放出した。そして、自身から宇宙を放出してから、それは万物の内に入った。あらゆる存在物は、それをその自己として持っている。それは万物の微細な本質である。それは真実である。それはアートマンである。そして、シュヴェータケートゥよ、汝はそれである」

「父上、このアートマンについて、私にさらにお教えください」

「そうしよう、わが子よ」

「蜂が、様々な草木の花から蜜を集めてはちみつを作るように、また、それらの花の蜜はひとつのはちみつとなって、どの花から各々が集められたのかわからないように、それと同様に、息子よ、あらゆる生き物は、それらが唯一の存在に没入する時――それが熟眠状態の時であれ、あるいは死の時であれ――それらの過去あるいは現在の状態に関して、何も知らない。なぜなら、無知がそれらを覆っているから――それらは、自分自身がその唯一の存在に没入していることも、そして自分自身がそれから来たことも知らない」

「これらの生き物がなんであれ、たとえ獅子であろうと虎であろうと、豚であろうと虫であろうと、蝿であろうと蚊であろうと、熟眠状態から戻ってきた後には、それらはその姿であり続ける」

「これらのすべては、それをその自己として持っている。それは真実である。それは万物の微細な本質である。それはアートマンである。そして、シュヴェータケートゥよ、汝はそれである」

「父上、このアートマンについて、私にさらにお教えください」

「そうしよう、わが子よ」

「東にある川は東に向かって流れ、西にある川は西に向かって流れ、そしてすべての川は海へと流れ込む。それらは海から海へと流れ、雲がそれらを水蒸気として引き上げて、雨として下ろす。そしてそれらの川が、海とひとつになっている時、自分はこの川であるともあの川であるとも知らないように、それと同じように、私が名前をあげたあれらすべての生き物は、それらがブラフマンから戻ってきた時、自分自身が何処から来たのかを知らない」

「あれらすべての生き物は、それをその自己として持っている。それは真実である。それは万物の微細な本質である。それはアートマンである。そして、シュヴェータケートゥよ、汝はそれである」

「父上、このアートマンについて、私にさらにお教えください」

「そうしよう、わが子よ」

「もし誰かがある時、この巨大な樹の根に刃を突き立てたとすれば、その樹は樹液を流すだろうが、生きている。もし彼がその幹に刃を突き立てたとすれば、その樹は樹液を流すだろうが、生きている。もし彼がその頂に刃を突き立てたとすれば、その樹は樹液を流すだろうが、生きている。生命であるアートマンが充満しているため、この樹はしっかりと根付き、養分を吸収する。しかし、もしそのアートマンがその枝の一つから去ったとすれば、その枝は枯れるだろう。もしそれが二つ目の枝から去ったとすれば、その二つ目の枝も枯れるだろう。もしそれが三つ目の枝から去ったとすれば、その三つ目の枝も枯れるだろう。もしそれが樹の全体から去ったとすれば、樹の全体が枯れるだろう」

「それと同様に、息子よ、このように知るがよい。肉体は、アートマンがそこから去った時に死ぬ――しかし、アートマンは死ぬことはない」

「あらゆる存在物は、それをその自己として持っている。それは万物の微細な本質である。それは真実である。それはアートマンである。そして、シュヴェータケートゥよ、汝はそれである」

「父上、このアートマンについて、私にさらにお教えください」

「そうしよう。イチジクの樹から、実を一つ取ってきなさい」

「取ってまいりました、父上」

「それを割りなさい」

「割りました、父上」

「何が見えるか？」

「非常に小さな種がいくつか見えます、父上」

「それらの種の一つを割りなさい」

「割りました、父上」

「何が見えるか？」

「何も見えません、父上」

「その微細な本質は、お前には見えないが、イチジクの樹のすべてがその中に存在するのだ。息子よ、微細な本質であるところのもの——その中に、万物は存在する、と信じるがよい。それは真実である。それはアートマンである。そして、シュヴェータケートゥよ、汝はそれである」

「父上、このアートマンについて、私にさらにお教えください」

「そうしよう。この塩を水の中に入れて、明日の朝私のところに来なさい」

シュヴェータケートゥは言いつけられた通りにした。翌朝、彼の父は、水の中に入れた塩を持ってくるように彼に命じた。しかし彼はできなかった。それはすでに溶けてしまっていたからだ。そこで、ウッダーラカは言った。

「その水をすすって、どのような味がするか言ってみなさい」

「塩からいです、父上」

「まさにそのように」と、ウッダーラカは続けた。「この体の中にあるブラフマンはお前には見えないが、それは確かにここにあるのだ。微細な本質であるところのもの——その中に、万物は存在する。それは真実である。それはアートマンである。そして、シュヴェータケートゥよ、汝はそれである」

「父上、このアートマンについて、私にさらにお教えください」と、その若者は再び請うた。

「そうしよう、わが子よ」

「ある男が、目隠しをされ、連れ去られて、見知らぬ場所に置き去りにされたとしよう。そのような扱いを受けた彼は、彼の目隠しを外して家へ帰る道を示してくれる誰かを探して、あちらこちらを向いて泣きわめいた。そして、そのように懇願する彼を見たある人が、彼の目隠しを外し、彼を安心させた。そこですぐに、彼は彼の行くべき道を尋ねながら、村から村へと渡り歩いた。そしてついに、彼は家にたどり着いた――まさにそのように、無知から解放された師に巡りあった者は、真の知識を得るのである」

「微細な本質であるところのもの――その中に、万物は存在する。それは真実である。それはアートマンである。そして、おお、シュヴェータケートゥよ、汝はそれである」

「父上、このアートマンについて、私にさらにお教えください」

「そうしよう、わが子よ」

「ある男が危篤状態になった時、彼の親族たちは彼のまわりに集まって、『私がわかるか？

私がわかるか?』と口々に問う。その場合、彼の言葉が彼の思考器官に溶け込み、彼の思考器官が彼の気息に溶け込み、彼の気息が彼の生命の熱に溶け込み、彼の生命の熱が至高の存在に溶け込むまでは、彼は親族たちを認識している。しかし、彼の言葉が彼の思考器官に溶け込み、彼の思考器官が彼の気息に溶け込み、彼の気息が彼の生命の熱に溶け込み、彼の生命の熱が至高の存在に溶け込んだ時、もはや彼は親族たちを認識しない」

「微細な本質であるところのもの——その中に、万物は存在する。それは真理である。それはアートマンである。そして、おお、シュヴェータケートゥよ、汝はそれである」

ある時、ナーラダはサナトクマーラのもとへ赴き、教えを請うた。サナトクマーラは尋ねた。「お前がすでに学んだことは何かね?」ナーラダは、諸々の聖典に加えて、あらゆる学問の分野——芸術、科学、音楽、そして哲学を学んだと答えた。「しかし」と、彼は言った。「私は平安を得られませんでした。私はこれらすべてを学びましたが、アートマンを知りません。かつて私は、あなたのような偉大な師たちから、アートマンを知る者は悲嘆に打ち勝つと聞きました。私は常に悲嘆に暮れています。お願いします、悲嘆に打ち勝つために、私を助けてください」

サナトクマーラは言った。「お前が読んできたことはすべて、単なる名称である。名称をブラフマンとして瞑想せよ」

ナーラダは問うた。「名称よりも崇高なものは存在するのですか？」

「存在する。言葉は名称よりも崇高である。われわれは言葉を通して、様々な学問の分野を知り、何が正しく何が誤りであるかを知り、何が真実で何が虚偽であるかを知り、何が善で何が悪であるかを知り、何が快く何が不快であるかを知るのである。なぜなら、もし言葉が存在しなければ、正しさも誤りも知られず、真実も虚偽も知られず、善も悪も知られず、快も不快も知られないだろうから。言葉が、われわれにこれらすべてを知るようにさせるのである。言葉をブラフマンとして瞑想せよ」

「師よ、言葉よりも崇高なものは存在するのですか？」

「存在する。思考器官は言葉よりも崇高である。二つの握りこぶしが、二つのアーマラカの果実、あるいは二つのコーラの果実、あるいは二つのアクシャの果実を握っているように、そのように、思考器官は名称と言葉とを握っている。なぜなら、もしある人が、思考器官によって聖なるヴェーダの讃歌を学ぼうと思考すれば、彼はそれを学び、もし彼が、思考器官によってある行為を行おうと思考すれば、彼はそれを行い、もし彼が、思考器官によって家族と富とを得ようと思考すれば、彼はそれらを得、もし彼が、思考器官によってこの世でもあの世でも幸せになろうと思考すれば、彼はここでもあちらでも幸せになるから。思考器官は、アートマンの最も重要な内的器官である。思考器官は、幸福のための手段である。思考器官をブラフマンとして瞑想せよ」

「師よ、思考器官よりも崇高なものは存在するのですか?」

「存在する。意志は思考器官よりも崇高である。なぜなら、もしある人が意志する時、彼は思考器官によって思考し、そして彼が思考器官によって思考する時、彼は言葉を発し、そして彼が言葉を発する時、彼は言葉を名称によって表現するから。したがって、これらすべては、意志を中心としており、意志から成り立っており、意志の中にある。意志をブラフマンとして瞑想せよ」

「師よ、意志よりも崇高なものは存在するのですか?」

「存在する。識別力は意志よりも崇高である。なぜなら、ある人が彼の過去の経験を分析し、そしてそれを基にして未来に何が起こるかを考慮することによって識別をする時、彼は現在において正しく意志するから。識別力をブラフマンとして瞑想せよ」

「師よ、識別力よりも崇高なものは存在するのですか?」

「存在する。静慮《じょうりょ》は識別力よりも崇高である。この地上で偉大さに到達する者たちは、静慮を通してそれに到達するのである。したがって、卑小で粗略な者たちが、常にこそこそ噂をし、口喧嘩をし、静慮の欠けるが故にたがいにののしりあっている一方で、偉大な者たちは、静慮を有するが故に、それらの良い報いを得る。静慮をブラフマンとして瞑想せよ」

「師よ、静慮よりも崇高なものは存在するのですか？」

「存在する。認識は静慮よりも偉大である。認識を通して、われわれはあらゆる学問の分野を理解し、そして何が正しく何が誤りであるかを知り、何が真実で何が虚偽であるかを知り、何が善で何が悪であるかを知り、何が快く何が不快であるかを知るのである。この世をもあの世をも、われわれは認識を通して理解するのである。認識をブラフマンとして瞑想せよ」

同様な方法で、サナトクマーラはナーラダに、ブラフマンを力として、食物として、水として、火として、空として瞑想するように、またブラフマンを記憶として、希望として、そして純粋活力として瞑想するように教えた。

そうしてから、サナトクマーラは言った。「しかし、まことに、永遠の真実を知る者こそが、真の知者である」

「尊敬すべき師よ、私は真の知者になりたいと心から願います」

「では、その無限の真実なる存在を知ろうと欲するがよい」

「師よ、私はそれを知りたいと欲します」

「人が永遠の真実を述べるのは、それを真に理解した時のみである。それについて熟考する人が、それを真に理解する。熟考なくては、それは理解されない」

「そして、信仰と尊敬とを持つ者のみが、永遠の真実について熟考する」

「そして、グルに仕える者のみが、信仰と尊敬とを手に入れる」

「そして、自己抑制を達成しようと必死に努力する者のみが、グルに仕える」

「そして、それの内にある歓喜を発見する者のみが、自己抑制を達成しようと必死に努力する。この歓喜を知ろうと欲するがよい」

「師よ、私はそれを知りたいと欲します」

「無限なるものが歓喜の源泉である。有限なるものの内には歓喜は存在しない。無限なるものの内にのみ歓喜が存在する。無限なるものを知ろうと欲するがよい」

「師よ、私はそれを知りたいと欲します」

「人が唯一なるもののみを見るところ、唯一なるもののみを聞くところ、唯一なるもののみを知るところ——そこに無限なるものが存在する。人が他のものを見るところ、他のものを聞くところ、他のものを知るところ——そこに有限なるものが存在する。無限なるものは不死であり、有限なるものは死すべきものである」

「無限なるものは何に基礎を置いているのですか？」

「それ自身の栄光に——否、それにすら基礎を置いてはいない。俗世においては、牛や馬、象や金、召使、妻、土地、そして邸宅が人の栄光であると言われる——しかしそれらは、貧弱で有限なものである。どうして、無限なるものが、それ自身以外のところに基礎を置くことができるだろうか？」

「無限なるものは、下にあり、上にあり、後ろにあり、前にあり、右にあり、左にある。私はこの一切である。この無限なるものはアートマンである。アートマンは、下にあり、上にあり、後ろにあり、前にあり、右にあり、左にある。私はこの一切である。アートマンの真実を知り、瞑想し、そして真に理解した者——そのような者は、アートマンにおいて喜び、アートマンにおいて戯れ、アートマンにおいて楽しむ。彼は彼自身の支配者となり、また全世界の支配者となる。この真実を知らない者たちは奴隷である」

「このアートマンの真実を知り、瞑想し、そして真に理解した者は、あらゆるもの——純粋活力、空、火、水、そして他のあらゆる要素——思考器官、意志、言葉、聖なる讃歌と諸々の聖典――実に宇宙のすべてが、それから流れ出るということを見出す」

「以下のように、聖典には書かれている。『永遠の真実を確かに理解した者は、死も、病も、痛みも見ることはない。彼は一切をアートマンとして見、そしてすべてを得る』と」

「アートマンは唯一であり、そしてそれは万物となった」

「諸感覚が清められる時、心は清められる。心が清められる時、不変で絶え間ないアートマンの記憶があり、あらゆる足かせは解かれて解脱が得られる」

このように、尊敬すべきサナトクマーラは、心が清浄であるナーラダに、いかにして闇を抜けて光へと向かうのかを教えた。


ブラフマンの都市、すなわち身体の中には心臓があり、心臓の中には小さな家がある。この家は蓮華の形をしており、その中には、探し求められるべきもの、尋ねられるべきもの、そして真に理解されるべきものが棲んでいる。

それでは、この小さな家、この心臓の蓮華の中に棲んでいる、探し求められるべきもの、尋ねられるべきもの、そして真に理解されるべきものとは何であるのか？

心臓の蓮華の中にある宇宙は、外の宇宙と同じくらい広大である。その中には天と地があり、太陽と月があり、稲妻があり、そしてすべての星々がある。大宇宙に存在するものは、小宇宙にも存在するのである。

一切の存在物、一切の生き物、そして一切の望まれる物は、ブラフマンの都市の中にある。それでは、老いが近づき、死によって身体が滅びる時、それらはどうなるのか？

老いは身体にはやって来るけれども、心臓の蓮華は老いることはない。身体が死ぬ時にも、それは死ぬことはない。ブラフマンが自身のあらゆる栄光とともに存在する心臓の蓮華――身体ではなく、それこそが本当のブラフマンの都市である。そこに棲むブラフマンは、いかなる行為によっても影響を受けず、老いず、死なず、嘆き悲しむこともなく、餓えることも渇くこともない。彼の望みは正しい望みであり、そして彼の望みは満たされる。

この地上において、人が得るあらゆる富はつかの間のものにすぎないように、そのように、供犠を執り行うことによって獲得される天界の享楽もまた、つかの間のものにすぎない。したがって、アートマンとその正しい望みを真に理解することなく死んだ者たちは、どの世界に行っても永遠の幸福を見出すことができない。一方で、アートマンとその正しい望みを真に理解した者たちは、どこにおいても永遠の幸福を見出す。

もし、賢者が霊界にいる彼の父やその先祖に会いたいと望めば、見よ、彼の父やその先祖は彼に会いに来る。彼らとともに、彼は幸福である。

またもし、彼が霊界にいる彼の母やその先祖に会いたいと望めば、見よ、彼の母やその先祖は彼に会いに来る。彼女らとともに、彼は幸福である。

またもし、彼が霊界にいる彼の兄弟に会いたいと望めば、見よ、彼の兄弟は彼に会いに来る。彼らとともに、彼は幸福である。

またもし、彼が霊界にいる彼の姉妹に会いたいと望めば、見よ、彼の姉妹は彼に会いに来る。彼女らとともに、彼は幸福である。

またもし、彼が霊界にいる彼の友人たちに会いたいと望めば、見よ、彼の友人たちは彼に会いに来る。彼らとともに、彼は幸福である。

またもし、彼が天界の香料と花輪とを望めば、見よ、天界の芳香《ほうこう》と花輪とが彼のもとへ来る。それらを得て、彼は幸福である。

またもし、彼が天界の食べ物と飲み物とを望めば、見よ、天界の食べ物と飲み物とが彼のもとへ来る。それらを得て、彼は幸福である。

またもし、彼が天界の歌と音楽とを望めば、見よ、天界の歌と音楽とが彼のもとへ来る。それらを得て、彼は幸福である。

実に、ブラフマンを知るそのような者が何を望んだとしても、すぐにそれは彼のものとなる。そしてそれを得て、彼は人々の中でも高貴な者となる。正しい望みを満たすことは、誰の手にも届くところにあるが、しかし幻影のとばりが無知なる者を妨げるのである。それゆえに、彼らは死んだ者、愛しい者に会いたいと望むけれども、会うことができないのである。

われわれは生者であれ死者であれ、われわれの愛しい者を、あるいは他の望みのものを、いや、われわれの望むものすべてを心から欲するが、得ることはないのだろうか？　見よ、すべてはわれわれのものとなるだろう。われわれが自身の内に深く沈潜し、主の棲む心臓の蓮華にまで達するならば。然り、あらゆる正しい望みの対象はわれわれの手の届くところにあるが、見ることができず、幻影のとばりに覆い隠されている。

人が金の財宝が足下《あしもと》に埋もれていることを知らず、その上を何度往復しても、けっしてそれを見出さないように、そのように、あらゆる生き物は絶え間なくブラフマンの都市に住んでいても、けっしてそれを見出さない。なぜなら、彼は幻影のとばりによって覆われているから。

アートマンは心臓の蓮華の内に坐す。これを知り、アートマンに専心し、賢者は日々、その聖なる領域に入る。

アートマンに没入し、賢者は身体との同一性から離れ、至福に満ちた意識に生きる。アートマンは不死であり、怖れを知らない。アートマンはブラフマンである。このブラフマンは永遠の真実である。

心臓の内にあるアートマンは、この世界をそれから区別する境界線のようなものである。昼も夜もその境界線を超えることはできず、老いも、死も、それを超えることはできない。嘆きも喜びも、善行も悪行も、それを超えることはできない。あらゆる悪はそれを避ける。なぜなら、それに穢《けが》れはないから。穢れはけっしてそれに触れられない。

それゆえに、この境界線を超え、アートマンを真に理解した者は、もし盲目であれば、盲目でなくなる。もし傷を負っていれば、傷は消える。もし苦しんでいれば、苦しむことはなくなる。その境界線が超えられた時、夜は昼になる。なぜなら、ブラフマンの世界は光そのものであるから。

そして、ブラフマンの世界には、苦行を実践する者たちが到達する。なぜなら、永遠の真実を知る者は、苦行によってそれを知るから。また崇拝として知られるもの、それもまた苦行である。なぜなら、人は主を苦行によって崇拝し、そうして彼に到達するから。

救いと呼ばれるものはまさに苦行である。なぜなら、苦行によって人は無知から解放されるから。そして無言の誓いとして知られるもの、それもまた苦行である。なぜなら、人は苦行によってアートマンを真に理解し、静かなる沈思のうちに生きるから。

人々が森に住むことと呼ぶもの、それは苦行である。

ブラフマンの世界には、甘露のような水をたたえた湖があり、そこから水を味わったものは誰であれ、ただちに歓喜に酔いしれる。そしてその湖のかたわらには、不死の果汁を産する樹がある。苦行を実践しない者たちは、この世界に入ることはできない。

なぜなら、ブラフマンの世界は、苦行を実践する者たちに属するから。彼らのみがその世界に入り、その甘露の湖から水を飲む。彼らにとって、あらゆる世界は自由である。

古くから次のように言われている。

「アートマン、すなわち真の自己は、汚れなく、老いず、死なず、嘆き悲しまず、餓えも渇きもしない。それは望むべきもののみを望み、明らかにすべきもののみを明らかにする。そのアートマンは、探し求められるべきであり、尋ねられるべきであり、真に理解されるべきである。アートマンについて学び、それを真に理解した者は、一切の世界とあらゆる望みのものを手に入れる」

神々と悪魔たちの双方がこの真実を聞き、ひそかに思った。「このアートマンを探し求め、真に理解しよう。そうすれば、われわれは一切の世界とあらゆる望みのものを手に入れるだろう」

すぐさま、神々の中からはインドラが、悪魔たちの中からはヴィローチャナが、高名な師であるプラジャーパティのもとへおもむいた。三二年間、彼らは弟子としてプラジャーパティとともに過ごした。その時、プラジャーパティは、なぜ彼ら二人がそれほど長い間自分とともに過ごしてきたのかを問うた。

「私たちはこのように聞きました」と、彼らは答えた。「アートマンを真に理解した者は、一切の世界とあらゆる望みのものを手に入れる、と。私たちがここで過ごしてきたのは、そのアートマンについて学びたいからです」

そこで、プラジャーパティは言った。「瞳の中に見えるもの――それがアートマンである。それは死ぬことなく、怖れることもない。そしてそれはブラフマンである」

「師よ」と、弟子たちは尋ねた。「水面、あるいは鏡に映って見えるものが、アートマンなのでしょうか?」

「確かに、アートマンはそれらに映って見える」という答えであった。そしてプラジャーパティは、「水面に映るお前たちを見よ。そして何であれわからないことがあれば、戻ってきて私にそれを告げるがよい」と付け加えた。

インドラとヴィローチャナは、水面に映った彼らの影をじっと見つめた。そしてかの賢者のもとへ戻って、彼らは告げた。「師よ、私たちはアートマンを見ました。私たちはその髪や爪までも見ました」

そこでプラジャーパティは、彼らに最も豪華な衣装を身にまとい、もう一度水面を見るように命じた。彼らはそのようにして、彼の賢者のもとへ戻って告げた。「私たちはアートマンを見ました。私たちと全く同じで、最も豪華な衣装で着飾っていました」

それに対してプラジャーパティは、「確かにアートマンはそれらの中に見える。アートマンは死ぬこともなく、怖れることもない。そしてそれはブラフマンである」と、突き放すように言った。そこで、弟子たちは喜んで去っていった。

しかしプラジャーパティは、彼らを見送りながら、次のように嘆いた。「彼らは二人とも、アートマンを分析せず、あるいは識別せず、また本当に理解することなく去っていった。アートマンに関する誤った教えに従う者は、誰であれ破滅するだろう」

さてヴィローチャナは、アートマンを探り出すという自分の役目に満足して、悪魔たちのもとに戻り、身体のみが崇拝されるべきであり、身体のみが奉仕されるべきであり、身体を崇拝し身体に奉仕する者は現世でも来世でも利益を得る、と彼らに説き始めた。このような教えは、間違いなく、悪魔たちの教えである！

一方インドラは、神々のもとへ戻る途中で、この知識が無益であることに気づいた。「このアートマンは」と、彼は推し量った。「身体が飾り立てられている時は飾り立てられているように見え、身体が着飾っている時は着飾っているように見えるが、それならば、このアートマンは身体が盲目になった時には盲目になり、身体が不具になった時には不具になり、身体が醜くなった時は醜くなるだろう。身体が死ぬ時、まさにこのアートマンも死ぬだろう！このような知識に、私はいかなる価値も見出すことはできない」

そうして、彼はプラジャーパティのもとへ戻り、さらなる教えを請うた。プラジャーパティは彼に、さらに三二年間自分とともに過ごすように命じた。その期間が過ぎた後、プラジャーパティは彼に次のように教えた。

「夢の中で動いており、感覚的な楽しみを享受し、栄光に包まれているもの、それがアートマンである。それは死ぬことなく、怖れることもない。そしてそれはブラフマンである」

自らの聞いたことに満足して、インドラは再び去っていった。しかし他の神々のもとにたどり着く前に、彼はこの知識もまた無益であることに気づいた。「確かに」と、インドラは心の中で思った。「このアートマンは身体が盲目になった時にも盲目にならず、不具になった時にも不具にならず、傷つけられた時も傷つかない。しかし、夢の中でさえ、それは多くの苦しみを認識する。それゆえに、この教義にも、私はいかなる価値も見出すことはできない」

そうして、彼はさらなる教えのためにプラジャーパティのもとへ戻った。そこでプラジャーパティは彼に、さらに三二年間自分とともに過ごすように命じた。そしてその期間が過ぎた時、彼に教えた。いわく、「人がぐっすりと深く眠っており、夢も見ず、完全に平穏である時――それがアートマンである。アートマンは死ぬことなく、怖れることもない。そしてそれはブラフマンである」と。

インドラは去った。しかし自分の家にたどり着く前に、彼はこの知識ですら無益であると感じた。「実際に」と、インドラは考えた。「人は自分自身を、あれである、とも、これである、とも、その深い眠りの最中には認識しない。事実、人はいかなる存在をも全く認識しない。深い眠りにおける人の状態は、完全なる消滅と隣りあわせではないか。私はこの知識にも、いかなる価値も見出すことはできない」

そうして、もう一度、インドラはプラジャーパティのもとへ戻った。プラジャーパティは彼に、さらに五年間自分とともに過ごすよう命じ、そしてその期間が過ぎた時、彼にアート

マンの最高の真実を知らせた。いわく、

「身体は死すべきものであり、常に死によって捕まえられている。しかしその中に、不死なるアートマンが棲んでいる。このアートマンは、われわれの意識において身体と結びつけられている時は、快楽や苦痛に影響される。この結びつきが続く限り、誰も快楽と苦痛からの解放を見出すことはできない。しかし、この結びつきが途絶えた時、快楽と苦痛もまた途絶える」

「肉体的な意識をはるかに超え、アートマンを感覚器官や思考器官とは全く異なるものであると知り――すなわち、それをその真実の見方において知り――人は歓喜し、解脱を得る」

神々、聡明なる者たちは、アートマンを瞑想し、そうすることによって、一切の世界とあらゆる望みのものを手に入れる。そのようにして、死すべき者の中でも、アートマンを知り、それを瞑想し、それを真に理解する者たち――そのような者たちは誰であれ、一切の世界とあらゆる望みのものを、同じように手に入れる。

［一］ブラフマンは四つの足をもつといわれている。

第一〇章　ブリハドアーラニヤカ・ウパニシャッド

【エッセンス】アートマンは、あらゆるものの中でも最もいとしいものであり、ただアートマンがいとしい故に、他のものもいとしいのである。アートマンはあらゆる有限な幸福の源であるが、それ自体は純粋な至福であり、限定を超越している。それは善業にも悪業にも、影響を受けることはない。それは感覚も知識も超えているが、賢者の瞑想を超えてはいない。

【祈願】

オーム
見るものは　ブラフマンで満ち、
見えざるものも　ブラフマンで満つ。
存在はすべて　ブラフマンより流れ出て、
ブラフマンから　すべてが——
しかも　ブラフマンは変わることなし。
オーム　シャーンティ・シャーンティ・シャーンティ

無から有へと、私を導きたまえ。
闇から光へと、私を導きたまえ。
死から不死へと、私を導きたまえ。

原初、世界は種子として存在し、それは名称と形態として成長し、開展した。鞘に収められた剃刀のように、あるいは木の内部に隠された火のように、アートマン、すなわち宇宙の主は、あらゆる形態の中に、指の先端にすら棲んでいる。しかし、無知なる者はそれを知らない。なぜなら、名称と形態の背後に、それは隠れているから。人が呼吸をする時、人はそれを気息として知る。人が話す時、人はそれを言葉として知る。人が見る時、人はそれを目として知る。人が聞く時、人はそれを耳として知る。人が考える時、人はそれを思考器官として知る。しかし、これらすべては、その行為に関連付けられた名称に過ぎない。そして、アートマンをそれらの中のいずれかのものとして崇拝する者は、それを知ることはない。なぜなら、アートマンはそれらの中のいずれのものでもないから。それゆえに、人をしてそれをアートマンとして崇拝せしめよ。また、アートマンのみを崇拝せしめよ。成就であるところのアートマンは、あらゆる生き物の目的である。なぜなら、アートマンを知ることによって、人は一切を知るから。アートマンを知る者は、万人の中でも尊敬を受け、祝福を得る。

このアートマンは、他の何よりもわれわれの近くにあるが、実に息子よりもいとしく、富よりもいとしく、他のすべてのものよりもいとしい。人をして、アートマンのみをいとしいものとして崇拝せしめよ。なぜなら、もし彼がアートマンのみをいとしいものとして崇拝するならば、彼の愛の対象は決して消え去ることはないから。

この宇宙は、それが創造される以前は、ブラフマンとして存在していた。「私はブラフマンである」と、このように、ブラフマンは自分自身を知った。自分自身を知って、それはあらゆる生き物のアートマンとなった。神々の中で、アートマンの知識に目覚めた者は、ブラフマンとなる。聖者たちの中でも、同じことが当てはまる。聖者ヴァーマデーヴァは、ブラフマンを真に理解して、彼自身が太陽のアートマンであると同時に人類のアートマンであることを知った。それゆえに、今でも、ブラフマンを理解した者は誰であれ、自分自身があらゆる生き物のアートマンであることを知るのである。神々ですら、このような人を害することは出来ない。なぜなら、その人は神々の内なるアートマンとなったのであるから。

もしも今、ある人が、ブラフマンと彼自身とは異なるものであると考えてブラフマンを崇拝しているのならば、彼は真の知識を持ってはいない。

この宇宙は、それが創造される以前は、ブラフマンとして存在していた。ブラフマンは自分自身から、ブラーミン、クシャトリヤ、ヴァイシュヤ、シュードラという階級を、神々の中にも人間の中にも創り出した。

そしてブラフマンは、最も優れた法［ダルマ］を創り出した。その法［ダルマ］よりも優れたものは存在しない。法［ダルマ］は真実である。それゆえに、もし人が真実を語れば彼は法［ダルマ］を語り、もし彼が法［ダルマ］を語れば彼は真実を語る、と言われるのである。法［ダルマ］と真実とはひとつである。

今、もしある人がアートマンの王国を知らずにこの世を去ったとすれば、彼は、その無知の故に、解脱の至福を享受することはない。彼は彼の目的に達することなく死ぬ。否、アートマンの王国を知らない者が、たとえこの世で徳の高い行いを積み重ねたとしても、彼はそれらの行いによって不滅の生にたどり着くことはできない。なぜなら、彼の行いの果報は、最後には使い果たされるだろうから。それゆえに、彼をしてアートマンの王国を、それのみを知らしめよ。アートマンの王国について瞑想する者の徳は、決して使い果たされることはない。なぜなら、アートマンはそこからあらゆる徳が湧き出す源泉であるから。

アートマン、そこから陽が昇り、沈むところのもの――それのみを、賢者たちは彼らの目的とする。

バーラカの息子であるガールギヤは、優れた弁者であったが、非常にうぬぼれが強かった。ある日、ヴァーラーナシー［ベナレス］の王であるアジャータシャトルのもとへおもむいて、彼は高慢な口調で王に話しかけた。

［ガールギヤ］

私はお前にブラフマンを教えよう。

［アジャータシャトル］

本当か？　よし、そのような申し出をしたということだけで、お前は一〇〇〇頭の牛という報酬を得るだろう。近頃、人々は、ブラフマンを語り、また聞くために、ジャナカ王のもとへ群がっている。それゆえに私は、お前がそうせずに私のもとへ来てくれたことを嬉しく思うぞ。

［ガールギヤ］

それは太陽の中に居り、同時に目の中に居る存在である。彼は目を通して身体に入り、心臓の内部に棲み、行為者であり経験者である――私はそれをブラフマンとして瞑想する。

［アジャータシャトル］

否、否！　そのようにブラフマンを語ってはいけない。その存在を、超越し、光輝き、至高であるものとして私は崇拝する。そのようにブラフマンを瞑想する者は、あらゆる創造物を超えて、栄光に満ちた万物の支配者となる。

［ガールギヤ］

月の中に居り、同時に思考器官の中に居る存在――私はそれをブラフマンとして瞑想する。

［アジャータシャトル］

否、否！　そのようにブラフマンを語ってはいけない。その存在を、無限で、清らかさに包まれ、至福に満ち、華麗であるものとして私は崇拝する。そのようにブラフマンを瞑想する者は、何かに不足するということはなく、常に幸福である。

［ガールギヤ］

稲妻の中に居り、同時に心臓の中に居る存在――私はそれをブラフマンとして瞑想する。

［アジャータシャトル］

否、否！　そのようにブラフマンを語ってはいけない。その存在を、私は力あるものとして崇拝する。そのようにブラフマンを瞑想する者は力強くなり、彼の子どもたちも彼に倣《なら》う。

［ガールギヤ］

空の中に居り、同時に心臓の中に居る存在――私はそれをブラフマンとして瞑想する。

［アジャータシャトル］

否、否！　そのようにブラフマンを語ってはいけない。その存在を、一切に遍満し、不変であるものとして私は崇拝する。そのようにブラフマンを瞑想する者は、子どもにも家畜にも恵まれる。彼の血胤《けついいん》は決して絶えない。

［ガールギヤ］

風の中に居り、同時に息の中に居る存在――私はそれをブラフマンとして瞑想する。

［アジャータシャトル］

否、否！　そのようにブラフマンを語ってはいけない。その存在を、無敵で、征服され得ない主として、私は崇拝する。そのようにブラフマンを瞑想する者は、彼自身が無敵で征服され得なくなる。

［ガールギヤ］

火の中に居り、同時に心臓の中に居る存在――私はそれをブラフマンとして瞑想する。

［アジャータシャトル］

否、否！　そのようにブラフマンを語ってはいけない。その存在を、寛大であるものとして私は崇拝する。そのようにブラフマンを瞑想する者は、彼自身が寛大となり、彼の子どもたちもそれに倣う。

［ガールギヤ］

水の中に居り、同時に心臓の中に居る存在――私はそれをブラフマンとして瞑想する。

［アジャータシャトル］

否、否！ そのようにブラフマンを語ってはいけない。その存在を、調和として私は崇拝する。そのようにブラフマンを瞑想する者は、調和のとれたもののみを知る。彼から、穏やかな子どもたちが生まれる。

［ガールギヤ］

鏡の中に居る存在――私はそれをブラフマンとして瞑想する。

［アジャータシャトル］

否、否！ そのようにブラフマンを語ってはいけない。その存在を、光り輝くものとして私は崇拝する。そのようにブラフマンを瞑想する者は、彼自身が光り輝き、彼の子どもたちもそれに倣う。彼に近づく者の誰よりも、彼は燦然と光り輝く。

［ガールギヤ］

歩く人についてくる音――私はそれをブラフマンとして瞑想する。

［アジャータシャトル］

否、否！ そのようにブラフマンを語ってはいけない。その存在を、私は生命の力として崇拝する。そのようにブラフマンを瞑想する者は、この世で寿命をまっとうする。彼の死期が来るまで、息は彼から去ることはない。

［ガールギヤ］

空に充満している存在――私はそれをブラフマンとして瞑想する。

［アジャータシャトル］

否、否！　そのようにブラフマンを語ってはいけない。その存在を、私は自分自身からけっして離れない、第二の自己として崇拝する。そのようにブラフマンを瞑想する者は、けっして孤独にならず、仲間たちもけっして彼を見捨てない。

［ガールギヤ］

知性として心臓の中に棲む存在――私はそれをブラフマンとして瞑想する。

［アジャータシャトル］

否、否！　そのようにブラフマンを語ってはいけない。その存在を、私は意志の所有者として崇拝する。そのようにブラフマンを瞑想する者は、自己を制御することを得、彼の子どもたちもそれに倣う。

ガールギヤは語ることをやめてしまった。アジャータシャトルは、続けて彼に問うた。

［アジャータシャトル］

これが、お前が知っているブラフマンのすべてなのか?
［ガールギヤ］
これが私の知っているすべてである。
［アジャータシャトル］
それだけを知っているからといって、人はブラフマンを知っていると公言することはできない。
［ガールギヤ］
尊敬すべき人よ、私を弟子として、ブラフマンを教えてください。
［アジャータシャトル］
ブラーミンが、クシャトリヤである王に、ブラフマンを学ぶために近づくのは道理に反している。しかし、私はお前に教えを授けようと思う。
そう言って、アジャータシャトルはガールギヤの手をとって立ち上がった。そうして、二人は並んで歩きながら、眠っている男のところへやって来た。
［アジャータシャトル（眠っている男に対して）］
おお、汝、偉大なるもの、白い衣をまとうもの、おお、ソーマよ、おお、王よ!

最初、その男は起きなかった。そこで、アジャータシャトルが彼に触れるとすぐ、彼は目を覚ました。

［アジャータシャトル（ガールギヤに対して）］

この男は、認識力があり、知性もある存在である――彼がこのように眠りこんでいる時、彼は何処に居り、またどのようにしてこのように目覚めたのか？（ガールギヤは答えなかった）認識力があり、知性もある存在であるこの男が、このように深く眠っている時、彼は心臓の蓮華の内部にあるアートマンに、彼の感覚器官も思考器官も引っ込めて入り込んでいるのである。彼の感覚器官も思考器官もこのように引っ込められている時、彼はアートマンに没入していると言われる。

この状態において、彼は何をも知らない。彼は、心臓から発している七万二〇〇〇の神経に入り込んでいる。ただの若者であれ、あるいは皇帝であれ、あるいは最高のブラーミンであれ、性愛の快楽を経験した後にはすぐに甘美な休息を得るように、そのように、深い眠りにある人は、休息を見出す。

しかし、彼が眠っており、かつ夢を見ている時は、彼は彼自身の世界に住んでいる。彼は自分が王である、あるいは最高のブラーミンであるという夢を見るかもしれない。また、彼は自分が天界の住人である、あるいは獣であるという夢を見るかもしれない。皇帝が、様々な享楽の対象を手に入れて、思いのままに領土内を行き来するように、そのように、眠っている者は、感覚の印象をかき集めて、彼の思いのままにそれらを夢の中で組み立てる。

蜘蛛から糸が出されるように、火から小さな火花が散るように、そのように、あらゆる感覚、あらゆる世界、あらゆる神々、さよう、あらゆる存在は、アートマンから発する。彼の秘密の名は、真実の中の真実という。

「ヤージュニャヴァルキヤ（妻に対して）」マイトレーイーよ、私は世を捨て、遊行の道に入ることに決めた。それゆえ、私の財産を、お前ともう一人の妻であるカートヤーヤニーとに分け与えたいと思う。

「マイトレーイー」

わが主よ、もしこの全世界が、そのすべての富とともに私のものとなったとしても、それを所有することによって、私は不死を得られるでしょうか？

「ヤージュニャヴァルキヤ」いいや。お前の生活は富豪のそれと同じようになるだろう。富によって不死を得ようと望むことは、誰にもできない。

［マイトレーイー］

私に不死を与えてくれない、それらを私はいりません。どうか、わが主よ、不死に達する方法について、あなたが知っていることを私に教えてください。

［ヤージュニャヴァルキヤ］

マイトレーイーよ、お前は私にとって、常にいとしい者であった。そして今、お前は私の心に最も近い真実を学ぶことを問うた。さあ、私の側に坐りなさい。私はそれをお前に説明しよう。私の言うことについて、深く考えなさい。

最愛の者よ、夫がいとしいのは夫の故ではなく、アートマンがいとしい故に、夫もいとしいのである。

最愛の者よ、妻がいとしいのは妻の故ではなく、アートマンがいとしい故に、妻もいとしいのである。

最愛の者よ、子どもたちがいとしいのは子どもたちの故ではなく、アートマンがいとしい故に、子どもたちもいとしいのである。

最愛の者よ、富がいとしいのは富の故ではなく、アートマンがいとしい故に、富もいとしいのである。

最愛の者よ、ブラーミンが尊敬されるのはブラーミンの故ではなく、アートマンが尊敬される故に、ブラーミンも尊敬されるのである。

最愛の者よ、クシャトリヤが名誉を得るのはクシャトリヤの故ではなく、アートマンが名誉を得る故に、クシャトリヤも名誉を得るのである。

最愛の者よ、天上の世界が望まれるのは天上の世界の故ではなく、アートマンが望まれる故に、天上の世界も望まれるのである。

最愛の者よ、神々が崇拝されるのは神々の故ではなく、アートマンが崇拝される故に、神々も崇拝されるのである。

最愛の者よ、生き物に価値があるのは生き物の故ではなく、アートマンに価値がある故に、生き物にも価値があるのである。

最愛の者よ、何であれ尊重されるものはそれ自身の故ではなく、アートマンが尊重される故に、それも尊重されるのである。

アートマンは、マイトレーイーよ、知られるべきである。それについて聞き、熟考し、瞑想しなさい。聴聞、熟考、瞑想によってアートマンを知ることによって、最愛の者よ、人は万物を知ることとなる。

ブラーミンをして、ブラーミンはアートマンと異なると考える者を排除せしめよ。クシャトリヤをして、クシャトリヤはアートマンと異なると考える者を排除せしめよ。天上の世界をして、天上の世界はアートマンと異なると考える者を排除せしめよ。神々をして、神々はアートマンと異なると考える者を排除せしめよ。あらゆる生き物をして、生き物はアートマンと異なると考える者を排除せしめよ。万物をして、万物はアートマンと異なると考える者を排除せしめよ。ブラーミン、クシャトリヤ、天上の世界、神々、生き物、存在するあらゆるもの——それらはアートマンである。

例えば、太鼓が叩かれている時、それが太鼓の音であるとは把握できないが、太鼓、あるいは太鼓を叩く人を把握することによって、それが太鼓の音であると把握できる。また、例えば、ほら貝が吹き鳴らされている時、それがほら貝の音であるとは把握できないが、ほら貝、あるいはほら貝を吹き鳴らす人を把握することによって、それがほら貝の音であると把握できる。さらにまた、例えば、ヴィーナーが弾かれている時、それがヴィーナーの音であるとは把握できないが、ヴィーナー、あるいはヴィーナーを弾く人を把握することによって、それがヴィーナーの音であると把握できる［二］。

あたかも、湿った薪に点けられた火から煙と火花が生じるように、まさにそのように、マイトレーイーよ、永遠なるものから、あらゆる知識と智慧――われわれがリグ・ヴェーダ、ヤジュル・ヴェーダ、またその他として知るところのものが息のように吐き出された。それらは永遠なるものの息吹である。

水にとってのひとつの中心が海であるように、感触にとってのひとつの中心が皮膚であるように、香りにとってのひとつの中心が鼻であるように、味にとってのひとつの中心が舌であるように、形にとってのひとつの中心が眼であるように、音にとってのひとつの中心が耳であるように、思考にとってのひとつの中心が思考器官であるように、神聖な知識にとってのひとつの中心が心であるように――そのように、すべての存在にとってのひとつの中心は、アートマンである。

塩の塊が水に投げ込まれて溶け去り、塊が取り出せなくなったとしても、その水のどこを味わっても塩からいように、まさにそのように、おお、マイトレーイーよ、溶け去った個我は永遠なるもの――純粋な意識であり、無限であり、超越したものである。個別化は、無知によって、アートマンを諸要素と同一視することから生じる。そして、多という意識の消滅とともに、それは神聖な光の中に消え去る。アートマンを認識する時、個別化はもはや存在しない。
これが、おお、最愛の者よ、私がお前に伝えたかったことである。
［マイトレーイー］
あなたが「アートマンを認識する時、個別化はもはや存在しない」とおっしゃったこのことに、わが主よ、私は混乱しています。
［ヤージュニャヴァルキヤ］
最愛の者よ、私の言ったことがお前を混乱させることのないようにしよう。しかし、私が述べた真実を深く熟考しなさい。
二元性が存在する限り、人は他のものを見、他のものを聞き、他のものを嗅ぎ、他のものを語り、他のものを考え、他のものを知る。しかし、無知を取り払われた人にとって、一切がアートマンに溶け去った時、誰が誰によって見られ、誰が誰によって嗅がれ、誰が誰によって聞かれ、誰が誰によって語られ、誰が誰によって考えられ、誰が誰によって知られるだろうか？　ああ、マイトレーイー、わが最愛の者よ、一切を明らかにする認識――何によって、それが明らかにされるだろうか？　誰によって、知る者が知られるだろうか？　アートマンは、「これではない、あれではない」と形容される［二］。それは不可解である、なぜならそれは理解できないから。それは不朽である、なぜならそれは決して朽ちないから。それには何も付着しない、なぜならそれは決して何も付着させないから。それは束縛されていない、なぜならそれは決して束縛されないから。おお、わが最愛の者よ、誰によって、知る者が知られるだろうか？

これが、私がお前に教えることである、おお、マイトレーイーよ。これは不死についての真実である。

そう言って、ヤージュニャヴァルキヤは遊行の道へと入っていった。

この地はすべての生き物にとって蜜［結果］である。そしてすべての生き物は、この地にとって蜜［結果］である。知性あり不死なる存在である、この地の根源、そして、知性あり不死なる存在である、個々の生き物の身体――それぞれが互いの蜜［結果］なのである。ブラフマンはそれぞれの根源である。そして、ブラフマンは実に、万物におけるアートマンである。ブラフマンは一切である。

この水はすべての生き物にとって蜜［結果］である。そしてすべての生き物はこの水にとって蜜［結果］である。知性あり不死なる存在である、この水の根源、そして、知性あり不死なる存在である、個々の生き物の精液――それぞれが互いの蜜［結果］なのである。ブラフマンはそれぞれの根源である。そして、ブラフマンは実に、万物におけるアートマンである。ブラフマンは一切である。

この火はすべての生き物にとって蜜［結果］である。そしてすべての生き物はこの火にとって蜜［結果］である。知性あり不死なる存在である、この火の根源、そして、知性あり不死なる存在である、個々の生き物の発声器官――それぞれが互いの蜜［結果］なのである。ブラフマンはそれぞれの根源である。そして、ブラフマンは実に、万物におけるアートマンである。ブラフマンは一切である。

この風はすべての生き物にとって蜜［結果］である。そしてすべての生き物はこの風にとって蜜［結果］である。知性あり不死なる存在である、この風の根源、そして、知性あり不死なる存在である、個々の生き物の気息――それぞれが互いの蜜［結果］なのである。ブラフマンはそれぞれの根源である。そして、ブラフマンは実に、万物におけるアートマンである。ブラフマンは一切である。

この太陽はすべての生き物にとって蜜［結果］である。そしてすべての生き物はこの太陽にとって蜜［結果］である。知性あり不死なる存在である、この太陽の根源、そして、知性あり不死なる存在である、個々の生き物の眼――それぞれが互いの蜜［結果］なのである。ブラフマンはそれぞれの根源である。そして、ブラフマンは実に、万物におけるアートマンである。ブラフマンは一切である。

この空間はすべての生き物にとって蜜［結果］である。そしてすべての生き物はこの空間にとって蜜［結果］である。知性あり不死なる存在である、この空間の根源、そして、知性あり不死なる存在である、個々の生き物の耳――それぞれが互いの蜜［結果］なのである。ブラフマンはそれぞれの根源である。そして、ブラフマンは実に、万物におけるアートマンである。ブラフマンは一切である。

この月はすべての生き物にとって蜜［結果］である。そしてすべての生き物はこの月にとって蜜［結果］である。知性あり不死なる存在である、この月の根源、そして、知件あり不死なる存在である、個々の生き物の思考器官――それぞれが互いの蜜［結果］なのである。ブラフマンはそれぞれの根源である。そして、ブラフマンは実に、万物におけるアートマンである。ブラフマンは一切である。

この雷光はすべての生き物にとって蜜［結果］である。そしてすべての生き物はこの雷光にとって蜜［結果］である。知性あり不死なる存在である、この雷光の根源、そして、知性あり不死なる存在である、個々の生き物の内なる光——それぞれが互いの蜜〔結果〕なのである。ブラフマンはそれぞれの根源である。そして、ブラフマンは実に、万物におけるアートマンである。ブラフマンは一切である。

この雷鳴《らいめい》はすべての生き物にとって蜜〔結果〕である。そしてすべての生き物はこの雷鳴にとって蜜〔結果〕である。知性あり不死なる存在である、この雷鳴の根源、そして、知性あり不死なる存在である、個々の生き物の内なる音——それぞれが互いの蜜〔結果〕なのである。ブラフマンはそれぞれの根源である。そして、ブラフマンは実に、万物におけるアートマンである。ブラフマンは一切である。

この空はすべての生き物にとって蜜〔結果〕である。そしてすべての生き物はこの空にとって蜜〔結果〕である。知性あり不死なる存在である、この空の根源、そして、知性あり不死なる存在である、個々の生き物の心臓における空——それぞれが互いの蜜〔結果〕なのである。ブラフマンはそれぞれの根源である。そして、ブラフマンは実に、万物におけるアートマンである。ブラフマンは一切である。

この法〔ダルマ〕はすべての生き物にとって蜜〔結果〕である。そしてすべての生き物はこの法〔ダルマ〕にとって蜜〔結果〕である。知性あり不死なる存在である、この法〔ダルマ〕

の根源、そして、知性あり不死なる存在である、個々の生き物の内なる法［ダルマ］――それぞれが互いの蜜［結果］なのである。ブラフマンはそれぞれの根源である。そして、ブラフマンは実に、万物におけるアートマンである。ブラフマンは一切である。

この真実はすべての生き物にとって蜜［結果］である。そしてすべての生き物はこの真実にとって蜜［結果］である。知性あり不死なる存在である、この真実の根源、そして、知性あり不死なる存在である、個々の生き物の内なる真実――それぞれが互いの蜜［結果］なのである。ブラフマンはそれぞれの根源である。そして、ブラフマンは実に、万物におけるアートマンである。ブラフマンは一切である。

この人類はすべての生き物にとって蜜［結果］である。そしてすべての生き物はこの人類にとって蜜［結果］である。知性あり不死なる存在である、この人類の根源、そして、知性あり不死なる存在である、個々の生き物にとっての人類――それぞれが互いの蜜［結果］なのである。ブラフマンはそれぞれの根源である。そして、ブラフマンは実に、万物におけるアートマンである。ブラフマンは一切である。

このアートマンはすべての生き物にとって蜜［結果］である。そしてすべての生き物はこのアートマンにとって蜜［結果］である。知性あり不死なる存在である、このアートマンの根源、そして、知性あり不死なる存在である、個々の生き物の根源――それぞれが互いの蜜［結果］なのである。ブラフマンはそれぞれの根源である。そして、ブラフマンは実に、万物におけるアートマンである。ブラフマンは一切である。

このアートマンはすべての生き物の支配者であり、すべての生き物の王である。あたかも、車輪の輻《や》が甑《こしき》と輪縁《わぶち》に固定されているように、ちょうどそのように、すべての生き物、すべての創造物、すべての神々、すべての世界、すべての生命は、アートマンに固定されている。

アートマンは二本足の身体を作り、四本足の身体を作った。アートマンはすべての身体に入り、心臓の蓮華の内部に棲むが故に、プルシャとして知られる。それによって覆われていないものはなく、それによって満たされていないものはない。

それはあらゆる形態をとった。それはあらゆる形態をとって、自身をあらゆる形態において明らかにした。その主は、そのマーヤーによって、あらゆる形態において明らかにされている。それは数十である、それは数千である――それは無数である。

このブラフマンは、原因も結果もなく、内も外もない。このブラフマンはアートマンである。

ヴィデーハ国王であるジャナカは、ある時、高価な贈り物の頒布《はんぷ》をともなう供儀を執り行った。その儀式に列席した者たちの中には、クル地方やパンチャーラ地方の賢者たちがいた。ジャナカ王は、彼らを観察して、最も賢いのは誰なのか知りたくなった。

そこでジャナカ王は、一〇〇〇頭の牛を囲いに入れ、それぞれの牛の双角を金貨一〇個分の重さに相当する金で覆った。

「尊敬すべきブラーミンたちよ」と、ジャナカ王は言った。「お前たちの中で最も賢い者に、これらの牛どもを持って行かせよう」

ブラーミンたちはあえて動こうとしなかったが、ヤージュニャヴァルキヤだけは違った。

「わが学識ある息子よ」と、ヤージュニャヴァルキヤは弟子に言った。「私の牛どもを家へひいて行きなさい」

「万歳！」と若者は叫び、そのようにした。

他のブラーミンたちは激怒した。「自分自身を最も賢い者と称するなど、何とあつかましいことか！」彼らは叫んだ。ついに、ジャナカ王の祭司官であるアシュヴァラが、ヤージュニャヴァルキヤに近寄って言った。

「ヤージュニャヴァルキヤよ、お前は本当に、お前自身がわれわれの中で最も賢いと思っているのか？」

「私は」と、ヤージュニャヴァルキヤは言った。「最も賢い者に敬礼する。しかし、私はあれらの牛が欲しいのだ！」

そこで、アシュヴァラは彼に質問を始めた。

［アシュヴァラ］

ヤージュニャヴァルキヤよ、供犠に関する一切は死に満ちており、死の対象であるが、どのような方法によって、崇拝者は死に打ち勝つことができるのか？

［ヤージュニャヴァルキヤ］

崇拝者と、火と、祭式の言葉とが同一であるという知識によって。なぜなら、祭式の言葉は実に崇拝者であり、祭式の言葉は火であり、そしてその火は、ブラフマンとひとつであるのだが、崇拝者であるから。この知識は、解脱へと導く。この知識は、人を死の彼方へと導く。

アシュヴァラは黙ってしまった。しかしそこで、アールタバーガが質問した。

［アールタバーガ］

ヤージュニャヴァルキヤよ、すべては死の餌食である。死がその餌食であるような力は存在するのか？

［ヤージュニャヴァルキヤ］

実に、存在する。火は一切をなめつくす。そして、火はまた、水の餌食である。同様に、人は死から死へと向かう。ブラフマンの真実を知る者は、死に打ち勝つ。

［アールタバーガ］

ヤージュニャヴァルキヤよ、そのような者が身体を捨てる時、彼の知覚機能は、彼の思考器官とともに、彼のもとから去るのか、あるいは去らないのか？

［ヤージュニャヴァルキヤ］

それらの機能は去らない。それらは究極の原因であるアートマンに帰入《きにゅう》する。身体は生命を失くしたまま、膨らみ、膨張する。

アールタバーガは黙ってしまった。そこで、ウシャスタが質問した。

［ウシャスタ］

ヤージュニャヴァルキヤよ、究極にして直接に知られたブラフマンであり、ブラフマンそれ自身である、そのように直観される、一切の内部に棲むアートマンとは何か？

［ヤージュニャヴァルキヤ（ウシャスタの心臓を指差して）］

この、汝のアートマン、それが一切の内に存在する。

［ウシャスタ］

いかにして、おお、ヤージュニャヴァルキヤよ、一切の内に存在するというのか？

［ヤージュニャヴァルキヤ］

息を吸い込むもの、それが汝のアートマンであり、一切の内に存在する。息を下方に吐き出すもの、それが汝のアートマンであり、一切の内に存在する。息を放散するもの、それが汝のアートマンであり、一切の内に存在する。息を吐き出すもの、それが汝のアートマンであり、一切の内に存在する。繰り返して言おう、この、汝のアートマン、それが一切の内に存在する。

［ウシャスタ］

あたかも、ある人が牛を馬と区別する時に、牛は歩く動物であり、馬は走る動物であるというように、そのように、おお、賢き者よ、お前のブラフマンに関する教えはまさしくわかりやすく、明快であった！　しかし、私は繰り返して問おう。答えて欲しい、究極にして直接に知られたブラフマンであり、ブラフマンそれ自身である、そのように直観される、一切の内部に棲むアートマンとは何か？

［ヤージュニャヴァルキヤ］

この、汝のアートマン、それが一切の内に存在する。

［ウシャスタ］
いかにして、おお、ヤージュニャヴァルキヤよ、一切の内に存在するというのか？
［ヤージュニャヴァルキヤ］
汝は、見ることを見ている者を見ることはできず、聞くことを聞いている者を聞くことはできず、考えることを考えている者を考えることはできず、知ることを知っている者を知ることはできない。繰り返して言おう、この、汝のアートマン、それが一切の内に存在する。アートマンでないものは、何であれ消滅する。
ウシャスタは黙ってしまった。カホーラが質問した。
［カホーラ］
ヤージュニャヴァルキヤよ、究極にして直接に知られたブラフマンであり、ブラフマンそれ自身である、そのように直観される、一切の内部に棲むアートマンとは何か？
［ヤージュニャヴァルキヤ］
この、汝のアートマン、それが一切の内に存在する。
［ウシャスタ］
いかにして、おお、ヤージュニャヴァルキヤよ、一切の内に存在するというのか？

［ヤージュニャヴァルキヤ］

飢え、渇き、悲嘆、幻惑、腐敗、そして死を超越しているものが、存在する。このアートマンを真に理解して、賢者たちは、子孫、富、および他の世界で生き続けることへの渇望を放棄し、乞食《こつじき》の生活をおくる。子孫への渇望は富への渇望へと導き、富への渇望は他の世界で生き続けることへの渇望へと導く。したがって、二つの渇望がある――現世での楽しい生活への渇望と、来世でのよりいっそう楽しい生活への渇望とが。それゆえに賢者は、完全にアートマンの知識を獲得した時、その知識のみを彼のより所として生きるよう望むべきである。彼がその知識を完全に獲得し、そしてそれのみが彼のより所であると真に理解した時、彼はアートマンへの沈思にもっぱら専念するべきである。自身の思考器官をアートマンに向け、他の思考を邪魔なものとして避ける者のみが、真にブラフマンを知る者である。そのようなブラフマンを知る者は、どのように行動するのであろうか？　彼が何をしようと、あるいは彼がどのように振る舞おうと、彼は渇望から離れており、ブラフマンの知識の中で不動である。アートマンでないものは、何であれ消滅する。

カホーラは黙ってしまった。ウッダーラカが口を開いた。

［ウッダーラカ］

ヤージュニャヴァルキヤよ、われわれは学生として、マドラス地方にあるカープヤの家に住んでいる。彼の妻はかつて、天上の楽師であるガンダルヴァにとり憑かれていた。われわれはそのガンダルヴァに、お前は誰かと尋ねた。彼は、自分はカバンダであると答え、続けてカープヤに問うた。いわく、「汝は、この生、次の生、またすべての生き物が一緒になってそれに貫かれている、その糸を知っているか？」と。カープヤは知らなかった。ガンダルヴァは続けた。「汝は、この生、次の生、またすべての生き物を内部から統御する、内なる支配者を知っているか？」カープヤは知らなかった。そこでガンダルヴァは、「その糸、およびその内なる支配者を知る者は、ブラフマンを知り、諸世界を知り、神々を知り、諸ヴェーダを知り、諸生物を知り、アートマンを知る——万物を知るのである」と言った。私自身は、そのガンダルヴァが教えたこれらのものを知っている。ヤージュニャヴァルキヤよ、もし汝が、その糸とその内なる支配者とを知らずに、最も賢い者にのみふさわしい牛どもを持ち去るのであれば、汝は呪われるがよい。

「ヤージュニャヴァルキヤ」

私はその糸とその内なる支配者とを知っている。

「ウッダーラカ」

「私は知っている、私は知っている」と言うだけなら誰でもできる。われわれに、お前が知っていることを話してみよ。

〔ヤージュニャヴァルキヤ〕

生命の微細な本質〔三〕、それが、この生、次の生、またすべての生き物がそれに貫かれている糸である。したがって、ある男が死ぬ時、人々は彼の四肢が分解された、と言う。なぜなら、彼が生きている間、それらはその生命の本質によってひとくくりにされているから。

〔ウッダーラカ〕

その通りである、ヤージュニャヴァルキヤよ。では、内なる支配者について語ってみよ。

〔ヤージュニャヴァルキヤ〕

地の中に棲んでいるが、地とは異なり、地はそれを知らないが、地がその身体であり、そして、内部から地を統御するもの――それ、すなわちアートマンが、内なる支配者であり、不死なるものである。

水の中に棲んでいるが、水とは異なり、水はそれを知らないが、水がその身体であり、そして、内部から水を統御するもの――それ、すなわちアートマンが、内なる支配者であり、不死なるものである。

火の中に棲んでいるが、火とは異なり、火はそれを知らないが、火がその身体であり、そして、内部から火を統御するもの——それ、すなわちアートマンが、内なる支配者であり、不死なるものである。

空間、風、天界、四つの方角、太陽、月、星、空、闇、光の中に棲んでいるが、それらとは異なり、それらはそれを知らないが、それらがその身体であり、そして、内部からそれらを統御するもの——それ、すなわちアートマンが、内なる支配者であり、不死なるものである。

すべての生き物の中に棲んでいるが、すべての生き物とは異なり、すべての生き物はそれを知らないが、すべての生き物がその身体であり、そして、内部からすべての生き物を統御するもの——それ、すなわちアートマンが、内なる支配者であり、不死なるものである。

香り、言葉、視覚、聴覚、そして触覚の中に棲んでいるが、それらとは異なり、香り、言葉、視覚、聴覚、そして触覚はそれを知らないが、香り、言葉、視覚、聴覚、そして触覚がその身体であり、そして、内部からそれらすべてを統御するもの——それ、すなわちアートマンが、内なる支配者であり、不死なるものである。

思考器官の中に棲んでいるが、思考器官とは異なり、思考器官はそれを知らないが、思考器官がその身体であり、そして、内部から思考器官を統御するもの——それ、すなわちアートマンが、内なる支配者であり、不死なるものである。

認識の中に棲んでいるが、認識とは異なり、認識はそれを知らないが、認識がその身体であり、そして、内部から認識を統御するもの――それ、すなわちアートマンが、内なる支配者であり、不死なるものである。

見られないが、見る者である。聞かれないが、聞く者である。思考されないが、思考する者である。知られないが、知る者である――それをおいて見る者はなく、それをおいて聞く者はなく、それをおいて他者はなく、それをおいて知る者はない。それ、すなわちアートマンが、内なる支配者であり、不死なるものである。

アートマンでないものは、何であれ消滅する。

ウッダーラカは黙ってしまった。そこで、ヴァチャクヌの娘であるガールギーが立ち上がり、賢者たちに語りかけた。

［ガールギー］

尊崇されるべきブラーミンたちよ、私はヤージュニャヴァルキヤに二つの問いを投げかけましょう。もし彼がそれらに答えることができれば、あなたがたの中の誰一人として、彼を打ち負かすことはできません。彼は偉大なる、ブラフマンの真実を釈義する者となるでしょう。

［ヤージュニャヴァルキヤ］

問いなさい、おお、ガールギーよ。

［ガールギー］

ヤージュニャヴァルキヤよ、あたかもカーシー国、あるいはヴィデーハ国から来た戦士の息子が、そのゆるめられた弓に弦を張り、その手に命を賭した二本の矢を持って、立ち上がって戦うように、まさにそのように、私は二つの問いを持って、汝と戦うために立ち上がったのです。

［ヤージュニャヴァルキヤ］

問いなさい、おお、ガールギーよ。

［ガールギー］

ヤージュニャヴァルキヤよ、天の上にあり、地の下にあり、天と地の間にも同様にあり、過去にも、現在にも、そして未来にも存在すると、人々が語るもの――答えてください、それはいったい何の内に、縦糸と横糸として織り込まれているのですか？

［ヤージュニャヴァルキヤ］

おお、ガールギーよ、天の上にあり、地の下にあり、天と地の間にも同様にあり、過去にも、現在にも、そして未来にも存在すると、人々が語るもの——それは空の内に、縦糸と横糸として織り込まれている。

［ガールギー］

汝は私の最初の問いに答えました。私は汝に敬礼します、おお、ヤージュニャヴァルキヤよ。では、私の第二の質問に備えてください。

［ヤージュニャヴァルキヤ］

問いなさい、おお、ガールギーよ。

［ガールギー］

その空は、いったい何の内に、縦糸と横糸として織り込まれているのですか？

［ヤージュニャヴァルキヤ］

賢者たちは、おお、ガールギーよ、それをアクシャラ——不変の真実なる存在と呼ぶ。それは粗大でも微細でもなく、短くも長くもなく、熱くも冷たくもなく、明るくも暗くもなく、風の本質でも空の本質でもない。それは何とも関係をもたない。それは味も香りもなく、目も、耳も、言葉も、思考器官も、精力も、息も、口ももたない。それは限りがない。それは内も外もない。それは何も享受しない。何もそれを享受しない。

そのアクシャラの命令によって、おお、ガールギーよ、太陽と月は各々の軌道を維持する。そのアクシャラの命令によって、おお、ガールギーよ、天と地は各々の位置を保持する。そのアクシャラの命令によって、おお、ガールギーよ、瞬間、時間、昼と夜、半月とひと月、四季と年――すべてが各々の方針に従う。そのアクシャラの命令によって、おお、ガールギーよ、雪山から湧き出る川は、あるものは東へ、あるものは西へ、他のものは他の方向へと流れていく。

この世において、おお、ガールギーよ、このアクシャラを知らずに、供物を捧げ、供犠を執り行い、苦行を行う者は、たとえ数千年を経ても、ほとんど何をも得ない。彼の捧げ物も儀式も、滅ぶべきものである。この不滅なるものを知らずにこの生を終える者は、おお、ガールギーよ、哀れである。しかし、おお、ガールギーよ、このアクシャラを知ってこの生を終える者は賢明である。

このアクシャラは、おお、ガールギーよ、見られないが、見る者である。聞かれないが、聞く者である。思考されないが、思考する者である。知られないが、知る者である。それをおいて見る者はなく、それをおいて聞く者はなく、それをおいて他者はなく、それをおいて知る者はない。まことに、アクシャラの内に、おお、ガールギーよ、空は縦糸と横糸として織り込まれている。

［ガールギー］

尊崇されるべきブラーミンたちよ、もしあなたたちが、彼の前に頭を垂れて逃げ去ることができれば、それを心から幸いと感じますように！　ブラフマンの真実を釈義する者であるヤージュニャヴァルキヤを打ち負かすことは、誰にもできないでしょう。

ガールギーは黙ってしまった。ヤージュニャヴァルキヤは賢者たちに呼びかけた。

［ヤージュニャヴァルキヤ］

尊崇されるべきブラーミンたちよ、望みとあらば私に質問しなさい――集まっているうちの誰か一人でも、あるいは全員でも。あるいは、お前たちのうちの一人がそう望むならば、私はその人に質問するだろう。あるいは、私はお前たち全員に質問するだろう。

しかし、ブラーミンたちは黙ったままであった。

オーム

ある時、ヴィデーハ国王であるジャナカが謁見のために坐していると、来訪者の中から、賢者ヤージュニャヴァルキヤが彼に近寄ってくるのを見た。

［ジャナカ］

ヤージュニャヴァルキヤよ、なぜここに来た？　家畜のためか、それとも哲学のためか？

［ヤージュニャヴァルキヤ］

両方のためです、陛下。私は、あなたの師たちが、あなたに教えたことを聞きたい。

［ジャナカ］

ジトヴァンは、言葉がブラフマンである、と私に教えた。

［ヤージュニャヴァルキヤ］

幼少時に、最初は母によって、そして父によって適切に教導され、そしてその後に、賢者によって、神聖な真理を授けられた者――そのような者こそが、人を教えるべきであるので、言葉がブラフマンであるとジトヴァンが言った時、彼はあなたに真実を教えたのです。なぜなら、言葉なくして、人は何かを成し遂げられるでしょうか？　しかし彼は、この言葉であるブラフマンの住処と土台とを、あなたに教えましたか？

［ジャナカ］

いや、彼は教えなかった。

［ヤージュニャヴァルキヤ］
それでは、あなたは部分的に教えられたにすぎません。
ヤージュニャヴァルキヤよ、それではお前が私に教えてくれ。
［ジャナカ］
発声器官がその住処であり、宇宙の原初の原因である空が、その永遠なる土台です。言葉を知識と同じであるとして瞑想しなさい。
［ヤージュニャヴァルキヤ］
知識とは何か、ヤージュニャヴァルキヤよ？
［ジャナカ］
言葉が知識なのです、陛下。なぜなら、言葉によって、友が知られ、同様に霊的なことやそれ以外のすべての知識も知られるからです。言葉によって、この世とあの世に関する知識が得られます。言葉によって、すべての生き物に関する知識を手に入れます。言葉は、陛下、至高のブラフマンです。
［ジャナカ］

私に教えてくれたお前に、私は一〇〇〇頭の牝牛と、象のように巨大な牡牛とを与えよう。

［ヤージュニャヴァルキヤ］

私の父は、弟子を完全に教えなければ、彼からいかなる報酬も受け取るべきではないという意見を持っていました。私は、誰か他の者が、あなたに教えたことを聞きたい。

［ジャナカ］

ウダンカは、純粋活力〔四〕［プラーナ］がブラフマンである、と私に教えた。彼はその住処と土台とを、私に教えなかった。

［ヤージュニャヴァルキヤ］

気息［プラーナ］がその住処であり、空がその土台です。それはいとしいものとして瞑想されるべきです。なぜなら、生命［プラーナ］は実にいとしいものだからです。純粋活力はブラフマンです。あなたが教えられたことを、もっと聞かせてください。

［ジャナカ］

バルクは、視覚がブラフマンである、と私に教えた。しかし、彼はその住処と土台とを、私に教えなかった。

［ヤージュニャヴァルキヤ］

眼がその住処であり、空がその土台です。それは真実として瞑想されるべきです。なぜなら、視覚によって、対象物は知られるからです。視覚はブラフマンです。あなたはさらに何を学びましたか？

［ジャナカ］

ガルダビーヴィピータは、聴覚がブラフマンである、と私に教えた。

［ヤージュニャヴァルキヤ］

耳がその住処であり、空がその土台です。それは無限であるとして瞑想されるべきです。なぜなら、空間は無限であり、そして音は空間によって運ばれるからです。聴覚はブラフマンです。

［ジャナカ］

サティヤカーマは、思考がブラフマンである、と私に教えた。

［ヤージュニャヴァルキヤ］

思考器官がその住処であり、空がその土台です。それは幸福として瞑想されるべきです。なぜなら、思考器官によってのみ、幸福は経験されるからです。思考器官はブラフマンです。

［ジャナカ］

ヴィダグダは、心がブラフマンである、と私に教えた。

［ヤージュニャヴァルキヤ］

心臓がその住処であり、空がその土台です。それは休息所として瞑想されるべきです。なぜなら、すべての生き物は、心の内に休息を見出すからです。心はブラフマンです。

［ジャナカ（王座から降り、丁重に賢者に話しかけて）］

私はあなたに敬礼します。ヤージュニャヴァルキヤよ、私に教えてください。

［ヤージュニャヴァルキヤ］

陛下、長い旅に出ようと欲する者が、自分自身に馬車や船を備えるように、そのように、あなたはあなたの思考器官に聖なる智慧を備えました。あなたは高貴で富んでおり、また諸々のヴェーダとウパニシャドとを学習しました。そこで、あなたはこの肉体を去る時、どこへ行くでしょうか？

［ジャナカ］

私は知らないのです、尊敬すべき人よ。

［ヤージュニャヴァルキヤ］

私はあなたがどこへ行くのかを教えましょう。

［ジャナカ］

どうかお教えください。

［ヤージュニャヴァルキヤ］

インダは、身体を持つ個我と同一視されたアートマンです。物質的世界であるヴィラージュは、彼の妻であり、彼の享楽の対象です。心臓の内部の空間は、アートマンが微細な身体、あるいは思考器官と同一視されている夢の状態において、彼らが結合する場所です。熟眠状態におけるアートマンは、純粋活力と同一視されます。これを超えているのが、至高のアートマンであり――それは「これではない、あれではない」と形容されてきました。それは不可解です、なぜならそれは理解できないから。それは不朽です、なぜならそれは決して朽ちないから。それには何も付着しません、なぜならそれは決して何も付着させないから。それは束縛されていません、なぜならそれは何によっても束縛されないから。それは決して傷つきません。ジャナカ王よ、あなたは怖れを離れたそれに到達し、誕生と死から解放されました。

［ジャナカ］

私たちに怖れのないことを教えてくれたあなたに、その怖れのないことが訪れますように。私はあなたに敬礼します。見よ！　このヴィデーハ国、そして私自身は、あなたの思いのままでです。

ある時、ヤージュニャヴァルキヤがジャナカ王の宮廷にやって来た。王は彼を問いによって迎えた。

［ジャナカ］

ヤージュニャヴァルキヤよ、人にとって光として役立つものは何か？

［ヤージュニャヴァルキヤ］

太陽の光です、陛下。なぜなら、太陽の光によって、人は坐り、外出し、仕事をし、そして家に戻るからです。

［ジャナカ］

実にその通りである、ヤージュニャヴァルキヤよ。しかし、太陽が沈んだその時、彼にとって光として役立つものは何か？

［ヤージュニャヴァルキヤ］

その時は、月が彼の光です。

［ジャナカ］

それでは、おお、ヤージュニャヴァルキヤよ、太陽が沈み、月も沈んだ時、彼にとって光として役立つものは何か？

［ヤージュニャヴァルキヤ］

その時は、火が彼の光です。

［ジャナカ］

それでは、おお、ヤージュニャヴァルキヤよ、太陽が沈み、月が沈み、火も消え去った時、彼にとって光として役立つものは何か？

［ヤージュニャヴァルキヤ］

その時は、音が彼の光です。なぜなら、音のみを光とすることによって、人は坐り、外出し、仕事をし、そして家に戻るからです。たとえ彼が自分自身の手すら見ることができなくても、ひとつの音を聞いた時、彼はそれに向かって動きます。

［ジャナカ］

まことにその通りである、おお、ヤージュニャヴァルキヤよ。それでは、太陽が沈み、月が沈み、火が消え去り、いかなる音も聞こえない時、彼にとって光として役立つものは何か？

［ヤージュニャヴァルキヤ］

実にアートマンが、彼の光です。なぜなら、アートマンの光によって、人は坐り、動き回り、仕事をし、そして仕事が終わった後に休息するからです。

［ジャナカ］

そのアートマンとは何者か？

［ヤージュニャヴァルキヤ］

心臓の蓮華の内に棲み、感覚と感覚器官とに覆われ、そして認識の光である、自ら光り輝く存在、それがアートマンです。認識と同一視されて、それは生と死の間を、この世とあの世との間を行ったり来たりします。認識と同一視されて、アートマンは考えているように、動いているように見えます。思考器官が夢を見ている時、アートマンもまた夢を見ているように見え、そしてこの世と同様にあの世をも超越しているように見えます。

人間、すなわち個我は生まれ、身体と感覚器官とを身にまとう時、この世の悪と関係を持つことになります。死に臨んで個我が身体を捨てる時、すべての悪を捨て去ります。

人間には二つの状態があります――この世における状態と、あの世における状態です。そして、夢にたとえられる、それら二つの中間の状態である三つ目の状態も存在します。中間の状態にある時、人はこの世における状態、あの世における状態の両方を経験します。その方法は次のようなものです。彼は死ぬ時、微細な身体においてのみ生き続けますが、それには彼の過去の行為の印象が残されています。そして彼は、それらがアートマンの純粋な光によって照らし出されているので、それらの印象を知っています。このように、中間の状態において、彼は最初の状態、あるいはこの世における生の状態を経験します。さらに中間の状態にある時、彼はやがて彼の元にやってくるであろう、邪悪なものと祝福されたものとの両方を予見します。なぜなら、それらはこの世における彼の善悪の行い、そしてこの行いが結果としてもたらした性質によって定められるからです。このように、中間の状態において、彼は第二の状態、あるいは次に来る世界における生の状態を経験します。

中間の状態においては、本物の馬車も、馬も、道もありません。しかし、アートマンの光によって、彼は馬車や馬や道を創り出すのです。そこには本物の祝福も、歓喜も、享楽もありません。しかし、彼は祝福や歓喜や享楽を創り出すのです。そこには本物の池も、湖も、河川もありません。しかし、彼は池や湖や河川を創り出すのです。彼は、彼の過去の行いによって残された印象から生じる、これらすべての創造者です。

意識の異なる諸段階に関して、このように述べられています。

ある人が夢眠状態にある時、黄金の、自ら光り輝く存在である、内なるアートマンがその身体を眠らせるが、それ自身は永遠に目覚めていて、それ自身の光によって、思考器官に残されてきた数々の行為の印象を見ている。その後は再び、自身を感覚器官の意識と結びつけて、アートマンはその身体を目覚めさせる。

ある人が夢眠状態にある時、黄金の、自ら光り輝く存在である、内なるアートマン、不死なる唯一者が、純粋活力の助けを借りて、その肉体という家を生きている状態に保つが、しかし同時に、この家を出て行く。永遠なる者は、何処であれ彼の望むところへ行く。

自ら光り輝く存在は、夢の世界において、高きにも低きにも様々な形態をとる。それは愛の快楽を享受しているようにも見えるし、あるいは友人たちと笑いあっているようにも見えるし、あるいは恐ろしい光景を見ているようにも見える。

誰もが諸々の経験を知っている。しかし、誰も経験する者を知らない。

ある人は、夢を見ることは目覚めていることのもうひとつの状態にすぎない、なぜなら、人が目覚めている間に経験することを、その人は夢の中で再び経験するのだから、と言います。そのように、アートマンは、夢の中で自らの光によって輝きます。

［ジャナカ］
尊敬すべき人よ、私はあなたに一〇〇〇頭の牛を差し上げよう。私の解脱のために、さらに私を教えてくれ。
［ヤージュニャヴァルキヤ］
アートマンは、夢の中で歓喜を味わい、あちらこちらに行って、善と悪との両方を経験してから、熟眠状態に達します。そして再び、それは夢眠状態に戻ってきます。それが夢の中で経験することは何であっても、それに影響を与えません。なぜなら、アートマンの本来の性質は、永遠に変わらないからです。
［ジャナカ］
実にその通りである、ヤージュニャヴァルキヤよ。私はあなたにもう一〇〇〇頭の牛を与えよう、尊敬すべき人よ。私の解脱のために語ってくれ。
［ヤージュニャヴァルキヤ］
アートマンは、夢の中で歓喜を味わい、あちらこちらに行って、善と悪とを経験してから、その最初の地点である覚醒状態に急いで戻ってきます。それが夢の中で経験することは何であっても、それに影響を与えません。なぜなら、アートマンの本来の性質は、永遠に変わら

ないからです。

［ジャナカ］

実にその通りである、ヤージュニャヴァルキヤよ。もう一〇〇〇頭の牛があなたのものとなるであろう、尊敬すべき人よ。私の解脱のために語ってくれ。

［ヤージュニャヴァルキヤ］

アートマンは、目覚めている時には、感覚の楽しみを享受し、あちらこちらに行って、善と悪とを経験してから、再び夢眠状態に急いで戻ってきます。

あたかも、巨大な魚が川の一方の岸からもう一方の岸へと動くように、そのように、アートマンは夢眠状態と覚醒状態との間を動きます。

あたかも、天空を飛ぶ鷹《たか》や隼《はやぶさ》が、疲れ、翼を広げてその巣に帰るように、そのように、アートマンは熟眠状態に急いで戻ります。そこでは、それはもはや何も望まず、何の夢も見ることはありません。

実にアートマンは、その本質において、渇望から離れており、悪と関わりを持たず、怖れを知りません。あたかも、愛する妻に抱擁された男が、内にあるものも外にあるものも感じないように、そのように、アートマンと一体になった者は、内にあるものも外にあるものも知ることはありません。なぜなら、その状態において、すべての望みは満たされているからです。アートマンは彼の唯一の望みです。彼は渇望を離れ、悲しみを超えます。

そこでは、父は父ではなく、母は母ではありません。諸世界は消え失せ、神々は消え失せ、諸聖典は消え失せます。盗人はもはや存在せず、人殺しももはや存在せず、カーストももはや存在しません。僧侶も隠者ももはや存在しません。そして、アートマンは善にも悪にも影響を受けず、心の悲しみは喜びへと変わります。

彼は見ず、嗅がず、味わわず、話さず、聞かず、考えず、触れず、知りません。なぜなら、彼と別のものは存在せず、第二のものは存在しないからです。しかし、彼は見ることができます。なぜなら、見ることと彼とはひとつだからです。彼は嗅ぐことができます。なぜなら、嗅ぐことと彼とはひとつだからです。彼は味わうことができます。なぜなら、味わうことと彼とはひとつだからです。彼は話すことができます。なぜなら、話すことと彼とはひとつだからです。彼は聞くことができます。なぜなら、聞くことと彼とはひとつだからです。彼は考えることができます。なぜなら、考えることと彼とはひとつだからです。彼は触れることができます。なぜなら、触れることと彼とはひとつだからです。彼は知ることができます。なぜなら、知ることと彼とはひとつだからです。永遠なるものは、意識の光です。そして、アートマンは不死です。

そこに他のものが存在する時、人は他のものを見、他のものを嗅ぎ、他のものを味わい、他のものに語りかけ、他のものを聞き、他のものについて考え、他のものに触れ、他のものを知ります。

アートマンは純粋であり、水晶のように澄んだ水のようで、ただひとつの見る者であり、唯一者であり、第二のものはありません。それはブラフマンの王国――人間の最高の到達点であり、至高の宝であり、最大の祝福です。無知という足かせに縛られて生きている生き物たちは、その無限なる存在のほんの一部を経験するにすぎません。

［ジャナカ］

あなたにさらに一〇〇〇頭の牛を与えよう。語ってくれ、尊敬すべき人よ、私の解脱のために。

［ヤージュニャヴァルキヤ］

アートマンは、夢の中で感覚の楽しみを味わい、あちらこちらに行って、善と悪とを経験してから、その最初の地点である覚醒状態に急いで戻ってきます。

あたかも、人が夢眠状態から覚醒状態へと移行するように、そのように、アートマンは死の時にあたって、この生から次の生へと移行します。

人がまさに死のうとしている時、知性あるアートマンを乗せた微細な身体は、うめき声をあげます――重い荷物を乗せた荷車が、その重さにきしんで音を立てるように。

彼の身体が、老齢、あるいは病気のために痩せ細る時、その死に行く人は、彼自身を彼の四肢から切り離します。ちょうど、マンゴー、あるいはイチジク、あるいはバニヤンの実が、それ自身をその幹から切り離すように。そして、彼がこの世に来たのと全く同じ方法で、彼は急いで新しい住まいへと向かい、そこで他の身体をまとい、その身体において、彼は新たな生を始めます。

彼の身体が弱り、傍から見ると意識のない状態になった時、その死に行く人は、彼の諸感覚を彼のまわりに集め、それらの力を完全に引っ込めて、彼の心臓に下ろします。彼はもはや、外界の色や形を見ることはありません。

彼は見ず、嗅がず、味わいません。彼は話さず、聞きません。彼は考えず、知りません。なぜなら、すべての器官は、彼の物質的な身体から切り離されて、彼の微細な身体とひとつになっているからです。そして、彼の心臓において諸神経が合流する場所は、アートマンの光によって火をつけられ、その光によって、彼は目から、あるいは頭蓋骨にある門から、あるいは他の身体の穴から去っていきます。彼がこのようにして去っていった時、生命が去っていきます。そして生命が去っていく時、純粋活力のあらゆる機能が去っていきます。アートマンは意識のある状態であり続け、そして、意識があり、死につつある人は彼の住まいへと向かいます。この生における行い、そしてそれらが残してきた印象が、彼についてきます。

あたかも、細い草葉の先端にたどり着いた蛭《ひる》が、他の草葉をつかまえてそれに乗り移るように、そのように、アートマンはこの身体を無意識のまま置き捨てて、他の身体をつかまえてそれに乗り移ります。

あたかも、金細工師が古い金の装飾品を手に入れ、それを鋳型に流し込んで、より新しく美しいものにするように、そのように、アートマンは身体を無意識のまま置き捨てて、祖霊、あるいは天上の楽師［ガンダルヴァ］、あるいは神々、あるいは他の生き物など、天上、あるいは地上で、より新しく、より良いすがたを手に入れます。

アートマンはまさにブラフマンです。無知の故に、アートマンはブラフマンとは全く異なるものと同一視され、認識、理解、生命、視覚、聴覚、地、水、風、空、火、欲望と欲望のないこと、怒りと怒りのないこと、正義と正義のないことから成り立っているように見えます。それは万物のように見えます――今は、あるもののように、また他のもののように。

人は、あることをするとそのようになります。善い行いをする者は善くなり、悪い行いをする者は悪くなります。人は清らかな行いを通じて清らかになり、不浄な行いを通じて不浄になります。

人は、あることを望むと、そのような運命になります。なぜなら、彼の望みのとおりに彼は意志し、彼の意志のとおりに彼は行い、そして彼の行いのとおりに、善であれ悪であれ結果が返ってくるからです。

人は、彼が固執する欲望に従って行動します。死後、彼は彼の思考と、彼の行いの微細な印象とともに来世へと向かいます。そして、彼の行いの結果が報いられた後、彼は再びこの行為の世界に戻ってきます。このように、欲望を持つ者は、再生の対象であり続けます。

しかし、内において欲望が静められた者は、再生に苦しむことはありません。死後、最高の、唯一の望みであるアートマンに到達して、彼は他の世界に行くことはありません。ブラフマンを真に理解して、彼はブラフマンとなります。

神聖な知識によって、彼の心にいったん侵入したすべての欲望が掃き出された時、死すべきものは、ブラフマンに到達して、不死となります。

あたかも、蛇の抜け殻が蟻塚の上に脱ぎ捨てられ、横たわっているように、そのように、死の時、人の身体は横たわります。一方、身体から自由になった彼は、不死なる魂、ブラフマン、永遠なる光とひとつになります。

［ジャナカ］

尊敬すべき人よ、私は再び、あなたに一〇〇〇頭の牛を捧げよう。語ってくれ、私が解脱できるように。

［ヤージュニャヴァルキヤ］

解脱への道は微細であり、困難で、長きにわたります。私自身も、その道を歩いています。否、私は目的地にたどり着きました。この道によってのみ、賢者、ブラフマンを知る者は、生きている間にブラフマンに到達し、死後、最終的な解脱を得るのです。

喜びもなく、闇に覆われた諸世界が存在します。無知で、アートマンを知らない者は、死後、それらの世界へと向かいます。

人が、純粋、不死で、祝福に満ちたアートマンを真に理解した時、いかなる欲望が彼に残されていて、彼が苦しみに満ちた他の身体を取り、それを満たす必要があるでしょうか？

アートマンの栄光を、つかの間の身体——それは悟りの障害です——においていったん知った者は、アートマンをブラフマン、万物の主であり創造者であると知ります。

ブラフマンは、人がまだつかの間の身体に棲んでいる間に真に理解されるかもしれません。それを理解するのに失敗することは、無知に生きることであり、その結果、生と死の対象となります。ブラフマンを知る者たちは不死です。他の者は、それを知らず、悲しみという足かせに縛られ続けます。

精神的な目を持つものは、自ら光り輝く存在、過去、現在、未来にわたって万物の主であるそれを、直接に知覚します――実に彼は、怖れることなく、何に対しても怖れを起こさせません。

ブラフマンを、生命の生命、目の目、耳の耳、思考の思考であると知る者――実に彼は、すべての原因の原因を完全に理解します。

清められた思考器官によってのみ、ブラフマンは知覚されます。

ブラフマンにおいては、いかなる多様性も存在しません。多様性を見る人は、死から死へと向かいます。

ブラフマンは、それ自身の知識――真実の存在とひとつであり、それと不可分である知識によってのみ把握されます。なぜなら、それはあらゆる証明、あらゆる思考の方法を越えているから。永遠なるブラフマンは、純粋であり、不生《ふしょう》であり、最も微細なものよりも微細であり、最も偉大なものよりも偉大です。

それゆえに、ブラフマンを至高の目的として知る、賢明で大志を抱く者をして、彼の人生と行動とがブラフマンを得るであろうものになるように方向づけさせなければなりません。彼をして、議論によってブラフマンを探し求めるようにしてはなりません。なぜなら、議論は無価値で中身のないものであるから。

実に、ブラフマンは偉大なる不生者《ふしょうしゃ》であり、心臓の蓮華に棲んでおり、諸感覚にかこまれています。それは認識の認識であり、万物の守護者であり、王であり、主です。善い行いもそれを増大させることはなく、悪い行いもそれを損なうことはありません。万物の主、王、守護者であるそれは、三界を超越しています。

帰依する者たちは、ブラフマンを学習、供犠、苦行、禁欲、隠棲《いんせい》によって探し求めます。それを知ることは、賢者になることです。それを、それのみを知ろうと欲し、出家者たちは世を棄てます。アートマンの栄光を真に理解して、いにしえの賢者たちは息子や娘を渇望しませんでした。「息子や娘が、われわれに何の関係があるというのだ？」と、彼らは尋ねました。「アートマンを知り、存在するものの至高の目的に到達したわれわれに？」もはや子孫を、富を、他の世界での生を望まず、彼らは完全な放棄の道へ入りました。

子孫を渇望することは富を渇望することにつながり、富を渇望することは他の世界での生を渇望することにつながります。二つの渇望が存在します。すなわち、この世における人生の楽しみへの渇望と、あの世における人生のさらなる楽しみへの渇望です。

アートマンは、「これではない、あれではない」と形容されます。それは不可解です、なぜなら理解され得ないから。それは不朽です、なぜならけっして朽ちないから。それは何にも執着しません、なぜならそれ自身にも執着しないから。それは自由です、なぜならけっしてとらわれないから。アートマンを知る者は、善にも悪にも影響を受けません。「私は悪行を行った」あるいは「私は善行を行った」というような考えが、彼の脳裏に浮かぶことはありません。善も悪も、彼は超越しています。そしてそれゆえに、彼はもはや彼が行ったであろうこと、あるいは行わなかったであろうことに悩まされることはありません。

始まりもなく終わりもなく、神聖な知識によってあきらかにされるブラフマンを知る者の永遠の栄光は、行いによって増えることも減ることもありません。それゆえに、人をしてそれを得ることを探し求めさせなければなりません。なぜなら、それを得て、彼はけっして悪に触れられないから。アートマンを知る者は自己を抑制し、静かであり、落ち着いており、欲望から自由です。それを瞑想することに没入して、彼はそれを彼自身の魂の内に見、またあらゆる生き物の内にそれを見ます。悪は彼に触れることも、苦しめることもできません。なぜなら、彼の神聖な知識の炎の内に、あらゆる悪は焼き尽くされるから。悪から、欲望から、疑いから自由となって、彼はブラフマンを知る者となります。これが、おお、王よ、ブラフマンの真実です。汝はそれを得るように！

［ジャナカ］

最も尊敬すべき人よ、私はこのヴィデーハ国を——そして私自身もともに——あなたに差し出し、あなたの召使となろう。

［ヤージュニャヴァルキヤ］

偉大なる不生者《ふしょうしゃ》であり、不朽であり、不死であり、不滅であり、怖れなきアートマンは、実に真実においてブラフマンです。ブラフマンを知る者は怖れることがありません。ブラフマンを知る者はブラフマンとなります！

神々、人間、そしてアスラ［悪魔］たち——プラジャーパティの三種類の末裔のすべて——が、しばらくの間、弟子として彼とともに住んでいた。

そこで、神々が言った。「師よ、われわれに教えてください！」プラジャーパティは答えて、ひとつの音節を発した。「ダ」と。そして彼は「お前たちは理解できたか?」と言った。神々は答えた。「はい、私たちは理解しました。あなたは私たちに、『ダームヤタ(Dāmyata)――自己を抑制せよ』と言いました」「そうだ」と、プラジャーパティは同意した。「お前たちは理解した」

次に、人間が言った。「師よ、われわれに教えてください」プラジャーパティは同じ音節を発した。「ダ」と。そして彼は「お前たちは理解できたか?」と言った。人間は答えた。「はい、私たちは理解しました。あなたは私たちに、『ダッタ(Datta)――恵み深くあれ』と言いました」「そうだ」と、プラジャーパティは同意した。「お前たちは理解した」

次に、アスラたちが言った。「師よ、われわれに教えてください」プラジャーパティは同じ音節を発した。「ダ」と。そして彼は「お前たちは理解できたか?」と言った。アスラたちは答えた。「はい、私たちは理解しました。あなたは私たちに、『ダヤドゥヴァム(Dayadhvam)――思いやりを持て』と言いました」「そうだ」と、プラジャーパティは同意した。「お前たちは理解した」

雷雲は鳴り響く。「ダ! ダ! ダ!」――「自己を抑制せよ! 恵み深くあれ! 思いやりを持て!」と。

［一］この段落は英訳の意図が不明瞭であるため、サンスクリット原典に基づいて訳出した。

［二］これ以下のヤージュニャヴァルキヤの言葉は、同ウパニシャドの四・五・一五から訳出されている。なお、四・五・一―四・五・一四は二・四・一―二・四・一四の繰り返しである。

［三］サンスクリット原典では、ヴァーユという語であらわされる。ヴァーユは「風」を意味する語であるが、ここでは後述するプラーナと同義である。

［四］サンスクリット原典では、プラーナという語であらわされる。この語はまた「気息」、「生命」という意味も持つ。

第一一章　シュヴェーターシュヴァタラ・ウパニシャド

【エッセンス】瞑想は習得することができる。そして、承認された方法に従って実践しなければならないものである。その方法によれば、マーヤーと結合して宇宙を創造し、維持し、破壊する人格的ブラフマンを真に理解することが可能であり、また、あらゆる形を超越し、永遠に存在し、属性なく行為なき非人格的ブラフマンを真に理解することも可能である。

〔祈願〕

オーム
われらの耳によりて、われらに善きことを聴かしめたまえ。
われらの眼によりて、汝の正しさを見さしめたまえ。
汝を礼拝し奉るわれらに、身体の寂静と安寧とを見出さしめたまえ。
オーム　シャーンティ・シャーンティ・シャーンティ
オーム　至高のアートマンに栄光あれ！

弟子たちは自問する。

この宇宙の原因は何であるか――ブラフマンか。われわれはどこから来たのか。なぜ生きるのか。最後にはいずこに安らぎを見出すのか。誰の命令で、われわれは楽とその反対のものという法則に縛られるのか。

時間、空間、偶然、物質、純粋活力、知性――これらのうちのどれ一つとして、またこれらを組み合わせたもののどれ一つとして、宇宙の究極の原因ではあり得ない。なぜなら、それらは結果であって、個我に仕えるために存在するものであるから。また、個我も原因ではあり得ない。苦と楽という法則に縛られて、自由ではないから。

瞑想に没入して、聖者たちは、自らの内に究極の真実なる存在、あらゆる生類の内に自我意識として棲んでいる、自ら光り輝く存在、唯一の神を見た。彼は唯一にして第二のものをもたない。彼はあらゆるものの奥深くに、グナ［構成要素］――サットヴァとラジャスとタマス――に覆われて隠れ棲む。彼は時間、空間、あらゆる可視の原因を主宰する者である。

この広大な宇宙はひとつの車輪である。その上に、誕生と、死と、再生とに縛られているあらゆる生類が存在する。それは廻り続け、とどまることがない。それはブラフマンの車輪である。個我は、自身がブラフマンと異なるものだと思っている限り、誕生と死と再生という法則に縛られて、車輪の上を廻る。しかし、個我がブラフマンの恩寵によって、自身がブラフマンと一体であることを真に理解したとき、その個我はもはや車輪の上を廻らない。その個我は不死に到達するのである［1］。

深い瞑想の中で、因果の世界を超越することによって理解されるもの、それは至高のブラフマンである、と、諸経典にはっきりと述べられている。それが実体であって、その他のすべては影である。それは不滅である。ブラフマンを知る者たちは、それを目に見えるあらゆるものの背後にある、唯一の真実なる存在として知っている。この故に、彼らはブラフマンに深く帰依するのである。ブラフマンに没入して、彼らは誕生と死と再生という車輪から解き放たれる。

主は、滅びるものと滅びないもの、目に見えるものと目に見えないものとによってできているこの宇宙を支えている。主を忘れやすい個我は、快楽に執着し、それゆえに束縛される。その個我が主のもとへ来るとき、一切の足かせから解き放たれるのである。

精神と物質、主人と召使——両者は無始以来存在している。両者を結ぶマーヤーもまた、無始以来存在している。この三者——すなわち精神、物質、およびマーヤーがブラフマンと一つのものである、と知るとき、アートマンは無限であって、いかなる行為にも関わらない、ということが如実に理解される。そして、アートマンが一切である、ということが明らかになる。

物質は滅びる定めにある。無知の破壊者である主は、不滅、不死である。彼は唯一の神であり、死すべきものと一切の個我との主である。彼を瞑想することによって、自身を彼に合一せしめることによって、自身は彼と同一であると知ることによって、人は無知からまぬがれる。

神を知れ。そうすれば一切の足かせから解き放たれる。無知は消え失せる。誕生と死と再生とは、もはや存在しない。彼を瞑想し、物質的な意識を超越せよ。かくしてあなたは、宇宙の主と合一するだろう。かくしてあなたは、唯一にして第二のものをもたない主と同一であることを知るだろう。あなたのあらゆる欲望は、彼の内に成就するであろう。

真実のところ、あなたは常に主と合一しているのである。ただ、あなたはこれを知らなければならない。それ以外に知るべきことは何もない。瞑想せよ。そうすれば、心、物質、マーヤー（心と物質とをつなぐ力）は、ただ一つの真実なる存在、ブラフマンの、三つの側面にすぎないことを理解するであろう。

火は、火起こし棒の内に存在するにもかかわらず、一方の棒がもう一方の棒とこすり合わされるまで、目には見えない。アートマンはちょうどその火のようなものである。それは聖なる音節であるオームを瞑想することによって、人の身体の内に見出されるのである。あなたの身体を、こすり合わされる一方の棒となし、聖なる音節であるオームを、それにこすり合わされるもう一方の棒となせ。そのようにしてあなたは、木の内に隠されている火のように、身体の内に隠されている神を見出すであろう。

胡麻の内にある油、クリームの内にあるバター、川床の内にある水、火打ち石の内にある火のように、アートマンは身体の中に棲む。誠実さと瞑想とによって、彼を真に理解せよ。あらゆるものの内にあるアートマンは、クリームの内にあるバターのようである。アートマンの知識は瞑想によって得られる。アートマンはブラフマンである。ブラフマンによって、すべての無知は滅ぼされる。

神を明確に知るためにはまず、外に出よう、外に出ようとする感覚器官を制御し、思考器官にくびきをかけよ。そして、火の中心に輝く光を瞑想せよ――すなわち、知性という通常の意識とははっきりと区別される、純粋な意識を瞑想せよ。そのようにして、アートマン、すなわち内なる真実の存在が、物質的な外見の背後に見られるであろう。

思考器官を制御せよ。そうすれば、究極の真実なる存在、すなわち自ら光り輝く主が明らかになるであろう。真剣に、永遠の至福のために努力せよ。

思考器官と知性との助けによって、感覚器官が快楽の対象に執着せぬようにせよ。そのとき、それらは内なる真実の存在の光によって清められ、その光が明らかになるであろう。

賢者たちは思考器官を制御し、心を無限なる、全知なる、一切所に遍在せる主と結び付けている。ただ、識別する力を持つ人のみが、霊的な修養を実践するのである。自ら光り輝くもの、内なる真実の存在の栄光は偉大なるかな。

聞け、汝ら、不死の至福の子らよ、また汝ら、高き諸天に棲む神々よ。蒙《くら》さを啓《ひら》かれた者たちの足跡のみをたどれ、そして絶えざる瞑想によって、思考器官と知性との両方を永遠のブラフマンに没入せしめよ。栄光に満ちた主が、汝に啓示されるであろう。

気息を制御せよ。瞑想の実践によって、内なるアートマンに火をつけよ。神聖なる愛のうま酒に酔え。そうすれば、あなたは成就を得るであろう。

永遠のブラフマンに深く帰依せよ。あなたの内なる光をブラフマンの光に合一せしめよ。かくして、無知の源は滅ぼされ、あなたは行為とその結果を超えて高く昇るであろう。

胸と頸と頭とをまっすぐに保って正しく坐せ。諸々の感覚器官と思考器官とを内に、心臓の蓮華に向けよ。オームという音節の助けを借りて、ブラフマンを瞑想せよ。おそろしい世俗の海の激流を、ブラフマンのいかだ――聖なる音節オームによって乗り切れ。

真剣な努力をもって、諸々の感覚器官を抑制せよ。呼吸を制御し、身体の活動を統制せよ。御者が悍馬をおさえるように、ひたむきな探求者は自分の思考器官を抑える。

人里を離れた静かな所、たとえば山の洞穴、あるいは神聖な地などに隠棲《いんせい》せよ。その場所は風雨から守られていなければならず、そして小石や塵のない、なめらかで清潔な床がなければならない。じめじめしていてはいけないし、邪魔になるような音がしてはいけない。目には心地よく、思考には平静さをもたらす所でなければならない。そこに坐って、瞑想や、その他の霊的な修練を実践せよ。

瞑想を重ねるにつれて、あなたは雪、水晶、煙、火、稲光、蛍、太陽、月などに似たヴィジョンを見るようになるであろう。これらは、あなたがブラフマンの啓示への途上にあるというしるしである。

瞑想に没入するにつれて、あなたはアートマンが身体とは別のものであること、それゆえに、病にも、老いにも、死にも侵《おか》されないものであることを知るであろう。

ヨーガの道を前進している最初のきざしは、健康、身体的に軽快な感じ、顔色の冴え、美しい声、身体から発する良い香り、渇望からの自由である。

汚れた金属の一片が、洗われたときにきらきらと輝くように、この身体に棲む者も、アートマンの真理を理解したときに、悲しみが消え失せて、至福に光り輝くものとなる。

ヨーガ行者は内なるアートマンを真に理解することによって、真実なるブラフマンを直接に経験する。彼はあらゆる不浄から解放される——彼は、純粋なるもの、不生《ふしょう》なるもの、輝けるものである。

彼は唯一の神、北に、東に、南に、西に存在するものである。彼は創造者である。彼はすべての胎に入る。彼のみが今、全ての生き物として生まれており、彼のみがこの後もすべての生き物として生まれるものである。彼はあらゆる人の中に、内なるアートマンとして存在し、あらゆる方向に顔を向けている。

主を礼拝しよう、輝ける一者、火の内にあり、水の内にあり、草木の内にあり、全宇宙に満ちている主を。

唯一にして絶対である非人格的な存在は、その不可思議なマーヤーと一緒になって、神聖なる主として、数多の栄光を身につけた人格神としてあらわれる。彼はその神的な力によって、すべての世界の支配権を保つ。宇宙の創造の時にも消滅の時にも、彼のみは存在する。彼を真に理解する者は不死となる。

主は、唯一にして第二のものをもたない。人間の内に、そしてその他のすべての生き物の内に、彼は棲む。彼は宇宙を放出し、維持し、そして自分自身へ吸収する。

彼の眼はあらゆる所にあり、彼の顔、彼の腕、彼の足もあらゆる所にある。彼自身の中から、彼は諸々の天界と地とを造り、彼自身の腕と翼とををもってそれらをひとつに支えている。

彼は神々の源であり、神々を支える者である。彼はあらゆるものの主である。彼は熱心に帰依する者たちに至福と智慧とを授ける。彼は彼らの悲しみと罪とを完全に滅ぼす。彼は、彼の法［ダルマ］を破る者を罰する。彼はすべてを見、すべてを知る。願わくは彼が、われらに賢明なる思慮を授けたまわんことを！

おお主よ、汝は、穏やかで至福に満ち、あらゆる悪と無知とを滅ぼす最も神聖なる姿をよそおいて、われらを見守り、われらを歓喜せしめたもう。

おお主よ、汝は御自身と一つであるところの聖なる音節オームを示したもう。御手の中にあって、それは無知を滅ぼす武器である。おお、帰依する者たちを護らせたもう御方、その慈悲深い御姿を、隠したもうな。

汝は至高のブラフマンである。汝は無限である。汝はあらゆる生き物の姿をとり、それらの内に隠れて存在する。汝はあらゆるものの内に遍在する。汝は宇宙の唯一の神である。汝を真に理解する者は不死となる。

偉大な聖者、シュヴェーターシュヴァタラは言った——

私はあらゆる闇の向こうに、黄金に輝く、かの大いなる神格を知った。彼を知ることによってのみ、人は死を克服する。その他に、誕生と死と再生という車輪から逃れる道はない。

彼にまさるものは一つもなく、彼にあらざるものは一つもない。彼よりも微細なもの、彼よりも偉大なるものは一つもない。不変であり、自ら光り輝く彼のみが存在する。彼、偉大なる一者は、この宇宙を満たす。

彼はこの宇宙を満たしているが、それを超越している。彼はその悲しみに影響されない。彼は形を持たない。彼を知る者は不死となる。その他の人々は、不幸の淵にとどまる。

あらゆるものに充満し、遍在する主なる神は、あらゆる生き物の心の内に棲んでいる。恵み深き彼は、それらの顔を彼自身の方に向けさせることによって、あらゆるものに解脱を与える。

彼は内奥のアートマンである。彼は偉大なる主である。純粋な存在である彼に到達することによって、心の内の純粋さが明らかになる。彼は支配者である。彼は永遠に輝く、大いなる光である。

この偉大なる存在は、親指大の形をとって、あらゆる生き物の心臓の内に、内奥のアートマンとして永遠に棲んでいる。彼は、霊的な識別を通して清められた思考器官によって、直接認識できる。彼を知って、人々は不死となるのである。

この偉大なる存在は、一〇〇〇の頭、一〇〇〇の眼、一〇〇〇の足を持っている。彼はこの宇宙を覆っている。超越しているのであるが、彼はこの身体の中心、臍《へそ》から指十本分上にある、心臓の蓮華に棲むものとして瞑想される。

彼のみが、この一切——かつて存在したもの、今存在しつつあるもの、これから存在するであろうもの——である。彼が宇宙となったのである。しかも、彼は永遠に不変であり続け、不滅の主である。

彼の手と足とはあらゆる所にあり、彼の眼と口とはあらゆる所にあり、彼の耳はあらゆる所にある。彼は宇宙における一切のものに充満している。

感覚器官を持たず、しかも感覚の活動を映し出し、彼はあらゆるものの主であり、支配者である。

彼はあらゆるものの友であり、避難所である。

彼は九つの門をもつ都、すなわち身体に棲む。彼は無数の形をとって、外なる世界で戯れる。彼は動くもの、動かざるものを含む全世界の主人であり、支配者である。

彼は足なくして速やかに歩く。彼は手なくしてあらゆるものを攫《つか》む。彼は耳なくしてあらゆるものを聞く。彼はあらゆる存在するものを知るが、誰一人彼を知らない。彼は至高者、偉大なる一者と呼ばれる。

最も微細なものよりも微細であり、最も大なるものよりも大きい、アートマンはあらゆる生き物の心臓に隠されている。彼の恩寵によって、人はその渇望を滅し、悲嘆を超越し、彼を至高なるブラフマンとして真に理解する。

おお至高なるブラフマン！
汝は形なくして、しかも
(その所以《ゆえん》を誰も知らず)
数多《あまた》の形を生みたもう。
汝はそれらを生み、その後
それらを汝自身へとひき入れたもう。
われらを、汝の思考にて満たしたまえ！

汝は火なり、
汝は太陽なり、

汝は風なり、
汝は月なり、
汝は星をちりばめたる天穹《てんきゅう》なり、
汝は至高のブラフマンなり。
汝は水——汝、
一切の創造者！

汝は女なり、汝は男なり、
汝は若者なり、汝は乙女なり、
汝は杖つきてよろめく老人なり、
汝はあらゆる所に御顔を向けたもう。

汝は黒き蝶、
汝は赤き眼もてる緑の鸚鵡《おうむ》、
汝は雷雲、四季、海なり。

無始以来、時間を、空間を超え、
汝は存在したもう。
汝は三界を生みたまいし存在なり。

マーヤーは聖なる汝の妻、
汝に嫁したるもの、
汝は彼女の主人、彼女の支配者なり。
彼女は赤く、白く、そして黒く、
各々の色はグナ。
彼女の子は数多《あまた》あり――
諸々の川、諸々の山、
花、石、木、
獣、鳥、そして人――
いずれにおいても彼女に似たり。
汝、肉に宿りたる魂は、

己が本性を忘れ、
マーヤーと一つになりぬ——
されど、それもただひとときのこと。
終には彼女と別れて、
汝は汝自身に帰りつく。

汝、不死なるブラフマン、
そして汝、肉に織り込まれたる者
（二つの存在、されど一つなるもの）——
一本の木の、枝高くとまる、
黄金の羽持てる、
離れがたき二羽の小鳥のごとく——
人として、汝は
その木の甘き実を、
甘く、そして苦き実を味わう。

されど、マーヤーの主人たるブラフマンとして、
汝は姿なく、
動かず、
ただ静かに観察する。

人は、汝と同一なることを忘れ、
己が弱さに惑わされ、
悲しみに満つ。
されど、彼をして、間近に汝を見さしめたまえ、
汝を彼自身であると知らしめたまえ、
おお、たぐいなく尊き主よ、
汝の栄光を見さしめたまえ——
見よ、彼の重き悲しみは
喜びに変わるなり。

汝は不変なり、
至高なり、清浄なり！
汝の内に神々は宿る。
汝は一切の聖典の源なり。
されど、唇に淀みなくとも、
心うつろならば、
聖典も何をかせん？
汝を知る者に、完全は与えられる――
汝を知る者にのみ！

汝はマーヤーの主であり支配者、
人はマーヤーの奴隷なり。
マーヤーとひとつになりて、汝は宇宙を生みたまいぬ。
汝は一切の聖典の源、
また一切の教義の源なり。

宇宙は汝のマーヤー、
そして汝、偉大なる神、マーヤーの主、
目路《めじ》の限り、
あらゆる形の内に、
汝は棲みたもう。

汝は一つ、ただ一つ。
数多の胎より生まれて、
数多となりたまいぬ。
汝へと、すべては帰る。
汝、主なる神、あらゆる祝福を授けたもう、
汝は光、汝は敬わるるべき一者。
汝を見出すものは誰であれ、
無限の平和を見出す。

汝はすべての神々の主神、
すべての世界は汝の内にやすらう。
汝は二本足の、また四本足の
獣の支配者。
われらの心からなる、汝への礼拝を受けたまえ！
汝は至福なる主、
最も微細なるものよりも微細なり。
汝の内にのみ、平安はあり。

汝、宇宙の唯一の守護者、
汝、一切の主、
汝の創造物の心臓の内に、
汝はみずからを隠したもう。
神々と聖者たちは汝と合一す。
汝を知る者は死なず。

汝はあらゆる信仰の源。
汝の知識が輝くところ、
そこには昼もなく、夜もなく、
存在もなく、非存在もなく――
ただ汝あるのみ。

ただ汝あるのみ――汝、
不滅なる、慕わしき光。
汝の御名は、偉大なる栄光。
汝の他に何者もなく、
汝に等しき何者もなし。

汝の姿は目に見えず、
死すべき者の目には見えず。

聖者たちのみ、
その清められたる心の内に――
彼らのみが汝を見、
彼らのみが不死なり。

汝は男にも女にもあらず、
また中性にもあらず。
いずれの姿でもあれ、汝がとりたもう
その姿こそ汝なれ。

汝は宇宙に充満す、
汝は意識それ自体、
汝は時の創り主、
汝はすべてを知りたもう。

汝の命により、
汝の神聖なる力、マーヤーは、
この可視の宇宙を放出し、
名と形とを放出す。

汝は原初の存在なり。
幻と夢である、
この宇宙としてあらわれたもう。
汝は時を超えたり。
不可分にして無限の、敬わるるべき一者——
人をして、心の内に
汝を瞑想させしめたまえ、
その身をば汝に捧げしめたまえ、
そして汝、無限なる主よ、
御自らを彼に知らしめたまえ。

汝は宇宙の胎にして墓、
そしてその棲処《すみか》。
汝、すべての善の源、
すべての罪の破壊者――
汝は心臓に坐したもう。
汝が姿をあらわすとき、
時と形とは消え失す。
人をして、汝の存在を感ぜしめたまえ、
内に汝を見さしめたまえ、
その人にこそ、平安は来たらめ――
その人にこそ、その人にこそ！
汝は死すべき者たちの中の永遠なる者、
意識ある者たちの意識、

一つなれど、汝は
数多《あまた》のものの願望を満たしたもう。

人をして、汝の知識に
深く身を捧げしめたまえ。
彼をして、汝の道に従わしめたまえ、
さらば彼、汝を知らん。
彼のあらゆる足かせは解かれん。

人は空を、一片の皮のごとくに
巻き上げ得るや。
人は汝を知らずして、
その嘆きを絶ち得るや。

これらの聖典の真理が、最も深く神に帰依し、そして神に対するのと同じようにそのグルに帰依した者によって瞑想されるならば、それらの真理は輝き出るであろう。まことに、それらの真理は輝き出るであろう。

オーム　シャーンティ・シャーンティ・シャーンティ

［1］現存するヒンドゥ教の文献の中で、ここにおいて初めて、誕生、死、再生の象徴としての車輪のイメージがあらわれる。

第一二章　カイヴァルヤ・ウパニシャッド

【エッセンス】 信仰と帰依と瞑想とによってアートマンを覚り、そしてブラフマンと一体になった賢者は、有為転変《ういてんぺん》の輪廻から解き放たれ、再生と悲しみと死から逃れる。

［祈願］

ブラフマンよ、われらを守りたまえ、
われらを導きたまえ、
われらに強さと正しき理解とを授けたまえ。
愛と調和とが、われら一同とともにあらんことを。
オーム　シャーンティ・シャーンティ・シャーンティ

［弟子］

師よ、ブラフマンの知識を私にお教えください。私はそれが、隠された、聖なる、賢者によって尋ね求められる最高の知識であるということを、またそれを求める者は不浄から離れ、至高の存在に到達する者であるということを聞いております。

［師］

経典の言葉とグルへの信頼を得ることによって、ブラフマンを知るよう努めよ。ブラフマンに帰依せよ。絶えずそれを瞑想せよ。祭式によらず、子孫にもよらず、財産にもよらず、ただそれに帰依することにより、また、世俗に対して無関心であることにより、人は不死に達するのである。

最高の天界は、心臓の蓮華の内に輝く。懸命に努力し、切望する者は、そこに入る。聖典の教えの真髄を理解して、彼らは世俗を放棄する。

人里離れたところに、ひとり隠れ住め。清潔な場所に、頭と頸とが一直線になるよう、まっすぐな姿勢で坐せ。世俗に無関心であれ。すべての感覚器官を制御せよ。帰依の心を以て、グルに敬礼を捧げよ。そして、心臓の蓮華に入り、そこにおいてブラフマン——純粋なるもの、至福なるもの——の存在を瞑想せよ。

感覚器官に対しては明らかではなく、あらゆる思量《しりょう》を超えており、形において無限である——神は。彼はあらゆる善行をなす者である。彼は永遠に寂静である。彼は不死である。彼は唯一であり、始めなく、中間もなく、終わりもない。彼は一切所に遍在する。彼は無限の智慧であり、そして至福である。

聖者は彼を瞑想し、すべての存在の源、万物を見る者に到達する。彼はどんな闇をも超える。彼はブラフマーであり、シヴァであり、インドラであり、至高者、不変の真実なる存在である。彼はヴィシュヌであり、純粋活力であり、不滅である。彼は一切である。彼は、今まで存在したものであり、そしてこの後も存在し続けるものである。彼を知る者は死に打ち勝つ。この他に、解脱への道はない。

あらゆる生類《しょうるい》の内にアートマンを見、アートマンの内にあらゆる生類を見ることによって、人はブラフマンに達する。これが唯一の道である。

思考器官は一本の火起こし棒に、オームという音節はもう一本のそれにたとえられよう。聖なる音節を繰り返すこととブラフマンを瞑想すること、とによって、この二本の棒をこすり合わせよ。知識の炎が汝の心の中に点ぜられ、すべての不浄は焼き払われるであろう。

彼はアートマンとしてあらゆる形態の中に住んでいるが、無知のとばりに覆われている。人々が「覚醒状態」と呼ぶところの夢の状態にある時、彼は個我となって食物、飲物、その他の様々の楽しみを味わう。人々が「夢眠状態」と呼ぶところの夢の状態にある時、彼は自分の思考器官の作り出したものによって、幸せや惨めさを経験する。人々が「熟眠状態」と呼ぶところの夢の状態にある時、彼は闇に打ち負かされて、何も経験することなく、休息を味わう。

死の時に、彼は再び生まれる。そして、その新しい生の境遇は、彼の過去の行いと、彼が形作ってきた習慣とによって決まる。彼は、「覚醒状態」、「夢眠状態」、「熟眠状態」という、この三つの意識の状態にあって、生き続けるのである。これらの状態を続けている限り、彼は個我である。彼は、アートマンとしては、無限であり不可分である。彼は意識であり、至福である。彼の中に、この三つの意識の状態はすべて溶けこんでいる。思考器官、気息、そしてもろもろの感覚器官は、彼から生じる。地、水、火、風、そして空も、彼から生じる。彼はすべての存在の背後にある、真実の存在である。

彼は至高のブラフマンである。彼はすべてのものの内に存在し、すべてのものの礎《いしずえ》である。彼は最も微細なものよりも微細である。彼は永遠である。汝は彼である！　汝は彼である！

「覚醒状態」、「夢眠状態」、「熟眠状態」という、この大いなる見世物を創った者、——それは私である。私はブラフマンである。このことを知り、そしてすべての束縛を断ち切れ。意識のこの三つの状態にあって、享受者として、また享受される対象として現れるものは何であれ、私はそれら一切を見る者であり、それらとは異なる。私は純粋な意識である。私は不滅のシヴァである。

私からすべてのものは現れ、私の内にすべてのものは存在し、私へとすべてのものは帰る。私はブラフマン——唯一にして、第二のものを持たぬものである。

私は最も微細なものよりも微細である。私は最も偉大なものよりも偉大である。私は永遠の存在である。私はこの多様な宇宙である。私は金色に輝く主である。私はシヴァである。

私は手も足も持たない。私の神的な力は誰も理解することができない。目を持たないが、私は見る。耳を持たないが、私は聞く。私はありとあらゆるものを知っているが、誰も私を知らない。私は無限の智慧である。私はもろもろの経典を通じて知られるべき、かの一者である。私はすべての経典を知る者である。功徳も罪過も、私に何ら影響しない。私は不生《ふしょう》の者である。私は身体も感覚器官も、思考器官も持たない。私、すなわち、至高のアートマンは、心臓の蓮華に住む。私は清浄無垢である。唯一にして、第二のものを持たぬものである。

オーム　シャーンティ・シャーンティ・シャーンティ

日本ヴェーダーンタ協会 刊行物

(税込価格)

veantajp/ショップ

書　籍

今日をよく生きる　価格 550 円（A5 変型、54 頁）
パタンジャリ・ヨーガの実践　価格 1650 円（B6、254 頁、ハードカバー）
ラーマクリシュナの福音 価格 5500 円（A 5 判、上製、1324 頁）輪廻転生とカルマの法則［改訂版］　価格 1100 円（B6 判、188 頁）インド賢者物語［改訂版］　価格 990 円（B5 判、72 頁、2 色刷り）実践的ヴェーダーンタ［改訂版］　価格 1100 円（B6 判、196 頁）霊性の光　価格 1100 円（B6、200 頁）
ナーラダ・バクティ・スートラ　価格 880 円（B6、184 頁）
ヴィヴェーカーナンダの物語［改訂版］価格 990 円（B6 判、132 頁）
秘められたインド［改訂版］　価格 1540 円（B6、442 頁）
ウパニシャド［改訂版］価格 1650 円（B6、276 頁）
永遠の伴侶［改訂版］価格 1430 円 (B6 判、332 頁)
最高の愛 価格 990 円（B6 判、140 頁）
調和の預言者 価格 1100 円（B6 判、180 頁）
立ち上がれ 目覚めよ 価格 550 円（文庫版、76 頁）
100 の Q&A 価格 990 円 (B6 判、100 頁）
永遠の物語 価格 1100 円 (B6 判、124 頁）（バイリンガル本）
ラーマクリシュナの福音要約版 上巻　価格 1100 円（文庫判、304 頁）
ラーマクリシュナの福音要約版 下巻［改訂版］　定価 1100 円（文庫判、392 頁）
スワーミー・ヴィヴェーカーナンダと日本　価格 1100 円（B6 判、152 頁）
インスパイアリング・メッセージ Vol.1　価格 990 円（文庫版変形、152 頁）
インスパイアリング・メッセージ Vol.2　価格 990 円（文庫版変形、136 頁）
はじめてのヴェーダーンタ　価格 1100 円（B6 判、144 頁）
真実の愛と勇気（ラーマクリシュナの弟子たちの足跡）価格 2090 円（B6 判、424 頁）
シュリーマッド・バーガヴァタム［改訂版］価格 1760 円（B6 判、306 頁）
（ディスカウント本）ラーマクリシュナの生涯上巻 価格 5390 → 4290 円

〔中古本のみ〕（A5 判、772 頁）
(POD 版) ラーマクリシュナの生涯下巻 価格 4950 円（A5 判､608 頁）シュリーマッド・バガヴァッド・ギーター　価格 1540 円（B6 変形、220 頁、ハードカバー）
抜粋ラーマクリシュナの福音　価格 1650 円（B6 判、436 頁）
最高をめざして　価格 1100 円 (B6 判、244 頁)
カルマ・ヨーガ　価格 1100 円（新書判、214 頁）
バクティ・ヨーガ　価格 1100 円（新書判、192 頁）
ギャーナ・ヨーガ　価格 1540 円（新書判、352 頁）
ラージャ・ヨーガ　価格 1100 円（新書判、242 頁）
シカゴ講話集　価格 550 円（文庫判、64 頁）
ラーマクリシュナ僧団の三位一体と理想と活動　価格 990 円（B6 判、128 頁）
霊性の修行　価格 990 円（B6 判、168 頁）
瞑想と霊性の生活 1　価格 1100 円（B6 判、232 頁）
瞑想と霊性の生活 2　価格 1100 円（B6、240 頁）
瞑想と霊性の生活 3　価格 1100 円（B6、226 頁）

特別割引（協会直接注文のみ）

わが師 1100 円→ 770 円 (B6 判､246 頁) ヒンドゥイズム 1100 円→ 770 円 (B6 判、266 頁) 霊性の師たちの生涯 1100 円→ 770 円 (B6 判、301 頁)
神を求めて 880 円→ 616 円 (B6 判、263 頁)
謙虚な心　価格 1210 円→ 990 円（176 頁、B6）
スワーミー･ヴィヴェーカーナンダの生涯 価格 2090 円→ 1650 円 (A5 判、368 頁）
ホーリー・マザーの福音　価格 2090 円→ 1760 円（A5 判 320 頁）
ホーリー・マザーの生涯　価格 2090 円→ 1760 円（A5 判 320 頁）
スワミ・アドブターナンダ　価格 1100 円→ 990 円（B6 判、190 頁）

ＤＶＤ

ヴィヴェーカーナンダ・バイ・ヴィヴェーカーナンダ（字幕付）
価格 2750 円（127 分）
スワーミー･ヴィヴェーカーナンダ生涯の記録（字幕付）価格 2200 円（54 分）

C　D

ガーヤットリー・マントラ108　価格1320円（約73分）
シヴァ神のマハームリットゥンジャヤ•マントラ108　1320円（約79分）
マントラム2090円→1650円（約66分）
シュリー•ラーマクリシュナ•アラティ　価格2200円（約60分）シヴァ-バジャン（シヴァのマントラと賛歌　価格2200円（約75分）
こころに咲く花　～やすらぎの信仰歌～　価格1650円（約46分）ラヴィ・シャンカール、シタール　価格2090円
ハリ・プラサード、フルート　価格2090円
ディッヴャ•ギーティ（神聖な歌）１～３　各価格2200円（約60分）ディヤーナム（瞑想）　価格2200円（77:50分）
普遍の祈りと讃歌　価格2200円（44:58分）
バガヴァッド・ギーター（全集）価格5500円（75:27、67:17、68:00分）
シュリマッド・バガヴァッド・ギーター（選集）　価格2420円（79:06分）

会　員

協会会員には、雑誌講読を主とする準会員（年間４０００円）と協会の維持を助けてくれる正会員（年間１２０００円またはそれ以上）があります。正・準会員には年６回、奇数月発行の会誌「不滅の言葉」と、催し物のご案内をお送り致します。また協会の物品購入に関して１５％引きとなります。（協会直販のみ）

ウパニシャド［改訂版］

2009年06月14日　第1刷発行
2021年06月21日　改訂版2版発行
発行者　日本ヴェーダーンタ協会会長
発行所　日本ヴェーダーンタ協会
249-0001 神奈川県逗子市久木4-18-1
電話　046-873-0428
E-mail　info@vedanta.jp
Website　vedantajp.com
FAX　046-873-0592

vedantajp.com

印刷所　モリモト印刷株式会社
万が一、落丁・乱丁の場合は送料当方負担でお取替えいたします。
定価はカバーに表示してあります。

ISBN978-4-931148-60-4
Printed in Japan

用語解説

アートマン

サンスクリット原語 ātman。内なる自己、個人レベルの純粋な意識を意味するとき「アートマン」(Self) と訳した。「汝はそれである」「私はブラフマンである」のように、ブラフマン（別項）と同一化するものなので、「霊魂」あるいは「魂」といった訳語は避けた。個別の身体的存在を示す場合は、「個我」(individual self) とした。また「自己」(self) あるいは再帰代名詞として「自身」と訳されることもある。

アートマンの四状態

『マーンドゥーキヤ・ウパニシャド』に見られる、アートマンの四つの状態。(1) 覚醒状態（サンスクリット原語 jāgrat、ジャーグラット）は目覚めている状態、通常の意識の状態であり、感覚器官によって苦や楽を経験する。(2) 夢眠状態（サンスクリット原語 svapna、スヴァプナ）は眠っており、夢を見ている状態であり、微細な意識の状態と呼ばれ、過去の行為の印象を経験する。(3) 熟眠状態（サンスクリット原語 suṣupti、スシュプティ）は夢も見ずにぐっすり眠っている状態であり、この状態において、人は何も感知せず、至福を経験していると言われる。(4) 第四の状態のチャトゥルタ (caturtha) あるいはトゥリーヤ (turīya) は、上述の覚醒状態、夢眠状態、熟眠状態を超えており、真理と合

一している状態と言われる。

アグニ

神名。火神。サンスクリット原語agniは「火」を意味する一般名詞でもある。『リグ・ヴェーダ』においてはインドラ（別項）に次いで多くの讃歌を捧げられている。祭式において、火神アグニは火に注ぐ供物を神々に運び、同時に神々を祭式の場へと運ぶことから、神々と人間の仲介者、神なる祭司官と呼ばれる。

アパーナ（吸気）

サンスクリット原語apāna。パンチャ・プラーナ（別項）の一つ。臍から下に位置し、排泄等をつかさどる。

インドラ

神名。サンスクリット原語Indra。雷神であり、『リグ・ヴェーダ』において最も多くの讃歌を捧げられ、最高神の地位を占める。ウパニシャドにおいてもしばしば「神々の王」として登場する。

ヴィヤーナ（媒気）

サンスクリット原語vyāna。パンチャ・プラーナ（別項）の一つ。全身をめぐり、他の四つのプラーナの働きを助ける。

ヴェーダーンタ

サンスクリット原語vedānta。「ヴェーダの終わり（アンタ）」を意味する。ヴェーダはインド最古の聖典である。ヴェーダには、リグ・ヴェーダ、サーマ・ヴェーダ、ヤジュル・ヴェーダ、アタルヴァ・ヴェーダの4つがある。狭義のヴェーダはサンヒター（本集。讃歌や祭式における呪文等の総集）のみであり、その付属文献としてブラーフマナ（祭儀書。祭式の実行方法を規定し、讃歌等の意味を解釈する）、アーラニヤカ（森林書。「森林の中で伝授される秘儀」を説く。祭式に関する説明とともに、哲学的問題にも言及する）、そしてウパニシャドが続く。広義のヴェーダはサンヒター、ブラーフマナ、アーラニヤカ、ウパニシャドを含み、その最終部である「知識に関する部分」すなわちウパニシャドのことをヴェーダーンタと呼ぶ。また、「ヴェーダの極致（アンタ）」と解釈することもあり、その場合はウパニシャドこそがヴェーダの真髄であると主張していることとなる。ウパニシャドを中心に研究する学派をヴェーダーンタ学派という。

ウダーナ（上気）

サンスクリット原語udāna。パンチャ・プラーナ（別項）の一つ。喉から頭頂にかけて位置し、身体を持ち上げること、発声等をつかさどる。

ウパニシャド

広義のヴェーダの最終部に位置し、「知識に関する部分」と呼ばれる。別名ヴェーダーンタ（別項）。哲学的内容を多く含む。サンスクリット原語 upaniṣad は「近づいて坐すこと」を意味し、そこからグル（別項）に恭しく仕え、グルから直接的に教えられる霊的な知識という意味に発展した。

オーム

インドにおいては「聖なる音節」と呼ばれ、A・U・M の三音から成るとされる。しばしば「ブラフマン（別項）はオームである」と言われ、唯一、絶対、無限定の究極実在を指し示す音節として、現在でも祈りや瞑想のはじめに荘重に詠唱される。

感覚器官

眼、耳、鼻、舌、皮膚のこと。それぞれ、「色・形」、「音声」、「香り」、「味」、「触感」を対象とする。

ガンダルヴァ

サンスクリット原語 gandharva。半神のひとつ。人間よりも上位の存在であり、数多くある天界の一つであるガンダルヴァ天に住む。天上の楽師とも呼ばれ、歌や踊り、楽器に巧みであるとされる。

供犠

サンスクリット原語 yajña（ヤジュニャ）。犠牲を伴う祭式（犠牲祭）のこと。祭壇を設け、祭火（homa、護摩）を焚いて、マントラ（別項）を唱えながら、溶かしバター等の捧げ物を火中に投じる。そのようにして神々を勧請し、特別な願い事を叶えるために執り行われた。供犠を執り行う専門の祭司をリトヴィジュ(ṛtvij)、供犠の主宰者をヤジャマーナ (yajamāna) と呼ぶ。死後､天界へ導く手段の一つとされる。ウパニシャドでは、供犠等を執り行って死後の幸福を得ることよりも、アートマン（別項）とブラフマン（別項）との同一性を悟って輪廻から解脱することに重点が置かれている。

グナ

サンスクリット原語 guṇa。「構成要素」と訳され、物質とその性質の両方を意味する。インドの哲学学派のひとつであるサーンキヤ学派における物質的原理であるプラクリティは、サットヴァ・ラジャス・タマスという三つのグナから構成されている。サットヴァ（純質）は、軽快で照明するものであり、ラジャス（激質）は刺激し、活動的である。タマス（暗質）は、鈍重で、妨げ、抑制するものである。

グル

サンスクリット原語guru。「師」を意味する。学問を授ける教師であると同時に、特に霊的な導師を意味する。師資相承を伝統とするヴェーダ・ウパニシャドでは、ヴェーダの真理を説くグルは霊的な導師であり、その一言一句は神の言葉として弟子に授けられた。

行為器官

発声器官・両手・両足・排泄器官・生殖器官のこと。

心

サンスクリット原語citta（チッタ）またはhṛdaya（フリダヤ）。瞑想においては、臓器としての心臓とは異なり、胸の中心に存在するものとして想定される。その機能は真理、あるいは神を直観することであり、「感じる心」である。なお、ウパニシャド本篇には「心臓の蓮華」等の訳語が頻出するが、その際の心臓は臓器ではなく、この「感じる心」のことである。

五大元素

サンスクリット原語pañca-bhūta（パンチャ・ブータ）。地（kṣiti、クシティ）・水（āpa、アーパ）・火（tejas、テージャス）・風（marut、マルト）・空《くう》（vyoman、ヴィヨーマンまたはākāśa、アーカーシャ）のこと。

サマーナ（等気）

サンスクリット原語 samāna。パンチャ・プラーナ（別項）の一つ。臍から胸にかけて位置し、食物の消化吸収をつかさどる。

思考器官

サンスクリット原語 manas（マナス）。原著者は mind と訳した。身体の内部にあって、思考をつかさどる器官。内官とも呼ばれる。インドの伝統では、思考器官は身体器官の一つである。

四住期

サンスクリット原語 āśrama（アーシュラマ）。古代インドの宗教的社会制度の基礎であった聖典『マヌ法典』においては、四姓制度（別項）のうち上位三階級の男子の人生を四つの時期（アーシュラマ）に区分する。それを四住期と呼び、それに従った人生を送ることによって天界、あるいはブラフマン（別項）に到達するとされた。四住期は (1) 師のもとで禁欲生活をおくり、聖典を学ぶ学生期（brahmacarya、ブラフマチャリヤ）、(2) 家庭において子孫をもうけ様々な祭式を主宰する家住期（gṛhastha、グリハスタ）、(3) 森林に隠棲して霊的な実践に専念し、徐々に次の段階である放棄の準備を進める林棲期（vānaprastha、ヴァーナプラスタ）、(4) 世俗的

な欲望を全て放棄し、乞食遊行し、ブラフマンのみを追求する遊行期（saṁnyāsa、サンニヤーサ）である。なお、ウパニシャドでは、(2) の家住期を経ることなく、(1) の学生期から直接 (3) の林住期、または (4) の遊行期に入ることが認められており、苦行・禁欲主義的傾向が強く見られる。

四姓制度

サンスクリット原語は varṇa（ヴァルナ）であり、「色」を意味する。紀元前 13 世紀末頃にアーリア人がインドに侵入した際、アーリア人と原住民とを肌の「色」で区別し、階級制度の基としたことによると考えられる。アーリア人は西洋人と同じ祖先に由来する人種であり、その言語はインド・ヨーロッパ語族に属していた。ヴァルナには 4 つの階級が存在する。(1) バラモンはヴァルナの最上位の階級であり、聖典を教え、祭式をつかさどる司祭、僧侶である。ブラーミンまたはブラーフマナとも言う。(2) クシャトリヤはブラーミンに続くヴァルナの第二位の階級であり、戦いを主とする戦士、支配者である。(3) ヴァイシュヤはクシャトリヤに続くヴァルナの第三位の階級であり、農民、商人等の一般人である。(4) シュードラはヴァルナの最下位の階級であり、奴隷として他の上位三階級に奉仕することが義務とされている。なお、ブラーミンからヴァイシュヤまでの上位三階級が

「ドヴィジャ（再生族）」と呼ばれ、ヴェーダの学習等に関わることができる。

ダルマ

サンスクリット原語 dharma。「法」と訳される。宗教的義務、それに基づく正しい行いや生活のあり方や価値観、正義、美徳等を意味する。

聴聞・熟考・瞑想

『ブリハドアーラニヤカ・ウパニシャド』2. 4. 5 および 4. 5. 6 に「アートマンは見られる（知られる）べきであり、聞かれるべきであり、熟考されるべきであり、瞑想されるべきである」とあることから、(1) 聴聞（アートマンの真理を聞くこと）・(2) 熟考（深く考え理解すること）・(3) 瞑想（考えを集中すること）が、アートマン（別項）を知るための三つの段階であるといわれる。

２５の原理

サーンキヤ学派では、宇宙は２５の原理から成り立つと考える。最初に、精神的原理、純粋精神であるプルシャと、物質的原理であるプラクリティが存在する。プルシャは常住不変、純粋清浄であり、何の活動も行わず、ただプラクリティを観照するだけである。プラクリティは三つのグナ（別項）から構成され、グナの均衡状態が保た

れている間は「未顕現なるもの（アヴィヤクタ）」と呼ばれる。プルシャの観照によってグナの均衡が崩れると、ラジャス（激質）のはたらきによって現象世界の開展が始まる。未顕現のプラクリティから「大（マハット）」あるいは「理性（ブッディ）」と呼ばれる存在が生じる。それは精神的な作用の根源ではあるが、物質的な存在である。その存在から「自我意識（アハンカーラ）」が生じる。自我意識は二つの異なる方向へとさらに変化する。一つは主観的な現象世界への変化であり、サットヴァ（純質）とラジャスのはたらきによって、五つの感覚器官（別項）と五つの行為器官（別項）、そして思考器官（別項）が生じる。もう一つは客観的な現象世界への変化であり、タマス（暗質）とラジャスのはたらきによって、五つの感覚器官の対象である五つの微細な要素（「色・形」等。別項参照）が生じ、五つの微細な要素から世界の物質的基礎である五大元素（別項）が生じる。これら(1)プルシャ(2)プラクリティ(3)理性(4)自我意識(5)眼(6)耳(7)鼻(8)舌(9)皮膚(10)発声器官(11)両手(12)両足(13)排泄器官(14)生殖器官(15)思考器官(16)色・形(17)音声(18)香り(19)味(20)触感(21)火(22)空(23)地(24)水(25)風が２５の原理である。

パンチャ・プラーナ

サンスクリット原語 pañca-prāṇa。『プラシュナ・ウ

パニシャド』において言及される、人間の体内にあって、身体の諸機能を管理する五種類の生気で、アパーナ、ヴィヤーナ、ウダーナ、サマーナ、プラーナを指す。

微細な身体

サンスクリット原語 sūkṣma-śarīra（スークシュマ・シャリーラ）あるいは liṅga-śarīra（リンガ・シャリーラ）。五大元素（別項）から成る物質的な肉体は「粗大な身体」であり、微細な身体はそれに覆われ、肉眼ではとらえることができない。輪廻の主体は微細な身体であり、人が生前に行った善悪の業や経験したことの記憶などは、この微細な身体とともに来世へ受け継がれる。

プラーナ

サンスクリット原語 prāṇa。「息」、「生気」を意味する一般名詞であるが、息が生命の土台であるという考えから「生命」、さらに万物の根底にある「純粋活力」という意味が派生した。宇宙の究極実在と見なされることもあったが、ウパニシャドではその地位はブラフマン（別項）に取って代わられた。また、狭義のプラーナ（呼気）は、パンチャ・プラーナ（別項）の一つで、胸から鼻にかけて位置し、呼吸をつかさどる。

ブラフマン

サンスクリット原語 brahman。宇宙の究極実在を意味する。唯一、絶対、永遠、無限定で、「この一切はブラフマンである」。ウパニシャドではブラフマンからの創造が語られるなど人格的側面もあわせ持ったが、不二一元論ヴェーダーンタ以降では、ブラフマンは無限定に遍満するのみで、イーシュヴァラをはじめとして多様な人格神が、創造、救済、神としてのはたらきを掌ることになった。カーリー女神もその一つであり、そのすべては最終的にはその根元であるブラフマンに帰一するのである。ブラフマン一元論、汎ブラフマン主義と言われる所以である。

ブラフマンの知識

サンスクリット原語 brahma-jñāna（ブラフマ・ギャーナ）。ブラフマン（別項）を直観し、ブラフマンと内なる自己であるアートマンが同一であることを知ること。

プルシャ

サンスクリット原語 puruṣa。「人間」を意味する一般名詞であるが、サーンキヤ学派においては物質的原理であるプラクリティに対する精神的原理、純粋精神を指す用語となった。サーンキャ学派の説によれば、プルシャもプラクリティも永遠に実在する。プラクリティは開展し

て現象世界を作り出すが、プルシャは常住不変、純粋清浄であり、何の活動も行わず、ただプラクリティを観照するだけである。プルシャの本質は智慧、思考である。プルシャがプラクリティと結合している間は苦しみや輪廻が存在する。純粋精神であるプルシャの知識が完成した時に人は解脱するのであるが、解脱はあくまでプラクリティに起こるものであって、プルシャ自体には何の変化もない。なお、『カタ・ウパニシャド』のサンスクリット原典では「プルシャ」という用語が多用されるが、原著者はそれをブラフマン（別項）に対応させ、あるいはアートマンと同一視している。

マーヤー

サンスクリット原語 māyā。「幻影」を意味する。不二一元論ヴェーダーンタでは、マーヤーは「真理に関する無知」と同義に扱われる。無知とは、誤ってあるものAの本性を覆い隠し、他のものBの存在を見ることである。例えば、暗がりに置かれているロープ（あるものA）を見て、それを蛇（他のものB）であると誤って認識することが、無知である。それと同様に、本来はブラフマン(A)のみが存在するのであるが、マーヤー、すなわち無知によって、多様な現象世界(B)がブラフマンから発生したように認識されている。明かりを持ってくることによって、蛇(B)であるという誤った認識が取り払

われ、ロープ (A) という事実が判明するように、智慧によって、多様な現象世界 (B) が存在するという誤った認識が捨て去られ、ブラフマン (A) のみが存在するという真理を見出し、人は解脱に至る。一切はブラフマンであり、多様な現象世界は無知によって生じた幻影の如きものなのである。不二一元論ヴェーダーンタでは、多様な現象世界という誤った認識の根源であるマーヤー、すなわち無知は、「これであるとも他のものであるとも言い表せない」または「存在するとも存在しないとも言えない」と形容され、ブラフマンとどのような関係にあるのかは明確にされていない。

マントラ

サンスクリット原語 mantra。聖なる力を持つ、ヴェーダ等における祈りの文句。聖音オーム（別項）もマントラである。他にはガーヤトリー・マントラ等が有名である。

ヨーガ

サンスクリット原語 yoga。ヨーガという名詞は、サンスクリットの動詞語根 yuj「(馬等に) くびきをかける、結びつける」に由来する。心は感覚器官（別項）の対象である快いものや不快なものに従って落ち着きなく動き回る。それにくびきをかけておとなしくさせ、内的洞

察に向かわせ、真理を悟らせるのがヨーガである。心を統御する方法、またそれに伴う身体的修練がヨーガである。あるいは心が完全に統御され、内なる自己であるアートマンとブラフマンとが合一した状態も「ヨーガ」と呼ばれる。さらに、ヒンドゥ教の最も有名で広く読まれている聖典『バガヴァッド・ギーター』では、霊的な目的と方法という意味で「ヨーガ」という語を使用している。「カルマ・ヨーガ（非利己的なはたらきの道）」「ギャーナ・ヨーガ（知識と識別の道）」「バクティ・ヨーガ（神への愛と信仰の道）」「ラージャ・ヨーガ（感覚と心の制御と瞑想の道）」等がある。